Para_____.

Com votos de muita

paz e luz.

/ /

 E-mail: contact@rmfbooks.com
rmf@rmfbooks.com
6136 NW 53rd Circle, Coral Springs, FL, 33067, USA

Copyright © 2014 Umberto Fabbri

É proibida a reprodução total ou parcial de qualquer forma ou por qualquer meio, salvo com autorização da Editora.
(Lei no 9610 de 19 de fevereiro de 1998)

Traduções somente com autorização por escrito da Editora.

2a Edição – Janeiro de 2015 – RMF books

Dados Internacionais de Catalogação na Publicação (CIP)
Fabbri, Umberto
Nascer de Novo / Umberto Fabbri – Coral Springs – Florida – US

Para informações sobre vendas e/ou cópias deste livro, por favor entre em contato com RMF books at 954-345-9790 or contact@rmfbooks.com

Revisão: Maria Esguicero
Design e Editoração Eletrônica: André Stenico
Capa: Adhemar Ribeiro

Impresso nos Estados Unidos da América

10 9 8 7 6 5 4 3 2 [1]

234 p;

ISBN-13: 978-0692376034 Paperback

Umberto Fabbri

Nascer de Novo

2ª Edição

USA, 2015

Nascer de Novo

Sumário

Apresentação 11

Introdução 15

Capítulo 1 - Deus, nosso Pai e Criador 17

Capítulo 2 - Eu e Deus 21

Capítulo 3 - Quem sou eu? 27

Capítulo 4 - Reencarnação, o processo pedagógico Divino .. 35

Capítulo 5 - Passado, presente e futuro 43

Capítulo 6 - Transformar-se 51

Capítulo 7 - Renovando os sentimentos 55

Capítulo 8 - A importância do pensamento no controle dos sentimentos 63

Capítulo 9 - O erro faz parte do crescimento, perdoe-se, mas não se acomode 73

Capítulo 10 - Vontade: alavanca do progresso 81

Capítulo 11 - O bem e o mal 87

Capítulo 12 - A importância do trabalho e da disciplina 93

Capítulo 13 - Casamento, família e filhos 103

Capítulo 14 - O necessário e o supérfluo 113

Capítulo 15 - A violência do mundo 121

Capítulo 16 - Solitário ou solidário? 133

Capítulo 17 - O sucesso 141

Capítulo 18 - Perante Deus somos todos iguais **147**

Capítulo 19 - É livre quem sabe escolher **155**

Capítulo 20 - Caridade **165**

Capítulo 21 - A justiça e nossa consciência **173**

Capítulo 22 - Dependência química **185**

Capítulo 23 - As paixões **193**

Capítulo 24 - Combatendo o orgulho **201**

Capítulo 25 - Combatendo o egoísmo **207**

Capítulo 26 - Combatendo a vaidade **211**

Capítulo 27 - Construindo o amor **217**

Capítulo 28 - Aliados da transformação **225**

Bibliografia **231**

Apresentação

A questão da reforma íntima ainda é encarada de maneira equivocada por um grande número de espíritas. Talvez por estarmos presos às imagens criadas e alimentadas por séculos, em um passado em que o medo, os castigos e punições serviram de freios para nosso primitivismo espiritual.

A ideia de um Deus punitivo está arraigada em muitas mentes, assim como as barganhas e privilégios. Estes são pensamentos que trazemos alicerçados em nosso inconsciente, mentiras que nos apresentaram como verdades e que, hoje, precisam ser esclarecidas e desmascaradas. Sabemos que não existem punições, mas reações das energias que movimentamos. Recebemos o que damos, colhemos o que plantamos, aprendemos com Jesus que Deus é nosso Pai, Justo, Bom e Misericordioso, que não pune ou castiga, mas permite que arquemos com nossas responsabilidades para nosso próprio crescimento.

Hoje temos condições de compreender as Leis Divinas. Estas podem, se seguidas, nos auxiliar em nossa transformação moral, não pelo medo, mas pela consciência que se ilumina pouco a pouco na responsabilidade de cocriadores do Universo.

Dizem-nos os Espíritos que quando adentramos ao reino hominal passamos a ter consciência de nós mesmos, mas, certamente, o maior dos desafios para nos tornarmos pessoas melhores é desenvolvermos a consciência da existência e das necessidades de nossos semelhantes, é o sair de si mesmo, do egoísmo limitador, para o amor libertador.

É importante racionalizar este processo de crescimento na busca pelo autoconhecimento no reconhecimento de nossas limitações, mas, acima de tudo, no empenho e determinação para transformar e renovar nossa vida, através da mudança de atitudes, sentimentos e pensamentos.

Este livro de Umberto Fabbri trabalha de forma didática aspectos importantes para que possamos compreender o necessário processo de renovação interior, sem culpas, medos e pensamentos equivocados.

Podemos nascer de novo, a cada dia, se aproveitarmos as oportunidades renovadoras, se permitirmos o surgimento de novas ideias, se buscarmos renovar nosso modo de sentir e de pensar, conhecendo e obedecendo as perfeitas e imutáveis Leis Divinas.

Podemos crescer sem sofrer, basta saber como.

Maria de Cássia Anselmo

INTRODUÇÃO

Nascer de novo

Caro leitor, estamos todos, como alunos, matriculados na escola da vida. E bem sabemos que não se pode exigir daquele que está aprendendo, o conhecimento do professor, nem tão pouco pressupor que ele não cometerá erros de julgamentos decorrentes da falta de conhecimento, pela inabilidade de raciocínio e maturidade emocional.

Deus, em Sua grandeza, tudo sabe. Ele nos vê no futuro, como seremos um dia, sabe do nosso valor, de nossas lutas, anseios, sofrimentos, erros e acertos. E, por muito nos amar e acreditar em nosso potencial divino, permite que seja sempre tempo de recomeçar, de **nascer de novo** a cada dia.

A natureza nos dá o exemplo desta possibilidade com o nascer do Sol todos os dias. A cada manhã, ele renasce como a nos mostrar que podemos também, como ele, transformar a noite em dia, a escuridão em luz...

O objetivo deste livro é o de levar reflexões importantes dentro do patamar do renascer, da transformação de nossos valores onde o amor e a fraternidade sejam constantes.

Esperamos que esta obra possa ser útil e que de alguma forma possa auxiliar e motivar na transformação do ser, da sociedade e da Humanidade.

Como o Sol, sejamos fonte de luz, iluminando, aquecendo, promovendo a vida, melhorando o mundo a partir de nós mesmos.

Umberto Fabbri

CAPÍTULO 1

Deus, nosso Pai e Criador

O Salmo XXIII de David, no Velho Testamento, inicia com um verdadeiro cântico de confiança ao Criador: "O Senhor é o meu pastor, nada me faltará". Considerando que David viveu aproximadamente 1040 a.C. a 970 a.C., podemos perceber que sua visão relacionava-se aos valores e conhecimentos da época.

O Deus apresentado naquele momento histórico era o Senhor dos exércitos, um ser antropomórfico, com características humanas, extremamente voltadas para as questões materiais, situação compreensível em virtude da concepção limitada de nossa intelectualidade e espiritualização.

Do cântico belíssimo de David, vamos até Jesus, que passados praticamente mil anos do segundo rei dos judeus, traz um Deus com o conceito totalmente diferenciado do que fora retratado até então. Jesus nos apresenta um Pai e

Criador que ama indistintamente seus filhos, com justiça e bondade soberana.

Alterava-se o paradigma do Deus dos exércitos para o Deus amor. Ainda com uma visão antropomórfica, pois a natureza não poderia dar saltos e o nosso entendimento necessitaria de mais tempo para que pudesse adquirir a maturidade espiritual e conceber a Divindade de maneira distinta.

Em João Evangelista, o único que registra essa informação de Jesus, temos a citação de que seria enviado um Consolador que restabeleceria todas as coisas e ensinaria muitas outras que os seres humanos de sua época não tinham condições de antever, por conta de sua precária evolução.

Claro que tínhamos avanços importantes para que a Sua vinda ocorresse, mas Seu conhecimento e revelações foram tão profundos que até hoje estamos tentando absorvê-los. Em Sua inteligência incomum, sabia que o tempo seria recurso fundamental para o progresso, e que nosso intelecto seria iluminado pouco a pouco. Luz demais ofusca, não necessariamente ilumina.

O Consolador chega com o advento da Doutrina Espírita e apresenta-nos um Deus cuja configuração deixa de ser antropomórfica e passa a ser cósmica, universal. Inteligência suprema, causa primária de todas as coisas, como bem ensinaram os Espíritos na primeira questão do Capítulo 1º de *O Livro dos Espíritos*.

Sendo o Senhor da vida, Ele nos sustenta em Seu amor, do qual somos frutos. As potencialidades de bondade, amor, justiça, sabedoria estão em nós, aguardando como sementes para que o seu desenvolvimento possa ocorrer no tempo possível.

Não podemos negar que já galgamos degraus importantes na escalada evolutiva, porque saídos do primitivismo, encontramo-nos na condição de expiar nossas faltas e provar o conhecimento adquirido, porém, com avanços significativos para nossa redenção.

O Senhor que é bondade infinita, aguarda que utilizemos cada vez melhor nosso livre arbítrio para escolhermos caminhos mais adequados. Em resumo, que evoluamos pela senda do amor e não mais pela dor, nascida em posturas que insistimos em manter durante séculos. Importante utilizar nosso potencial de inteligência e trilhar caminhos mais brandos, sem a manutenção do sofrimento.

O sofrimento é sempre nossa opção, e por mais difícil que seja, precisamos admitir esta realidade. Infelizmente somos nós que criamos os embaraços e dificuldades, sempre desnecessários.

A propósito, recordamo-nos do livro *Presença de Luz*, do autor espiritual Augusto Cezar, que nos ensina por meio da psicografia de Chico Xavier que reencarnamos com 20% a 25% de provas e expiações, ou seja, trazemos em nossa bagagem espiritual esse percentual que poderemos considerar mínimo. Todavia, os outros 75% ou 80%, arrumamos por aqui mesmo, via de regra, por conta de nossas escolhas enganosas.

O nosso velho e conhecido egoísmo é alicerce de todos os outros males que tanto prejudicam nossa vida. À medida que avançamos em nossa compreensão, podemos ter uma existência mais feliz, justa e equilibrada, respeitando naturalmente os aspectos evolutivos em que nos encontramos.

E o Senhor, em Sua justiça, permite-nos escolher as veredas que acharmos mais razoáveis. Ele não falta nunca com Seu amor que fica aguardando nosso amadurecimento no processo da autoconscientização.

Por nossa vez, a velocidade para implantar Seu reino de amor interiormente, depende do nosso interesse em transformarmos todas as oportunidades, apresentem-se elas como dificuldades ou não, em verdadeiro aprendizado, entendendo com Jesus, que só o amor pode de fato reconstruir caminhos, criar novas possibilidades e acima de tudo, fazer crescer e frutificar.

CAPÍTULO 2

Eu e Deus

Paulo em Atos dos Apóstolos, Capítulo 17, v: 28 nos ensina que *"Nele vivemos, nos movemos, e existimos".*

Quanto tempo demorei a encontrá-Lo em Sua magnitude, bondade e sabedoria!

Procurei o Senhor da Vida, nas pedras, nas plantas, nos animais e até mesmo no homem, um ser semelhante e falível como eu mesmo. Acreditando em pessoas, algumas até bem intencionadas; outras nem tanto, de forma incauta acreditava na superioridade das criaturas que se apresentavam mais preparadas em entendimento. Para isso, não usei de minha parte o bom senso para ver que, também elas, faziam esforços para se modificarem e que eram, assim como eu, imperfeitas.

Como um peixe no oceano, sem consciência de sua vida ou do líquido que o mantém e fornece tudo que lhe é necessário; da mesma maneira, eu vivia na minha relação com a divindade.

Mais evoluído, todavia ainda muito longe da realidade mais concreta, imaginava a divindade distante, em um céu inatingível, para logo mais, acreditar em uma possibilidade panteísta, de que o Criador confundia-se com a criatura e com o todo.

Mais à frente, busquei-O na condição de ser Ele o infinito, mas não tendo como definir um, como definiria o outro?

A busca continuava porque das qualidades inseridas no ser, destacam-se a persistência e a necessidade de descobrir. Características herdadas da própria divindade que podem se expressar apesar da inconsciência em relação a elas.

A procura não cessou. Percebi que não era possível estar em um planeta organizado, perfeito. Afinal, o ser humano ainda está em aprendizado na escola da vida, aprendendo a organizar e melhorar suas ideias e comportamentos.

O tempo passou até que encontrei o Senhor da vida em uma definição simples, mas extremamente objetiva. A descoberta aconteceu ao folhear a obra básica do insigne Codificador. Notei na resposta da primeira pergunta de *O*

Livro dos Espíritos algo que me transportava para dentro de mim mesmo, no sentido de encontrar o Senhor em mim, não mais na visão panteísta, mas como herdeiro de sua genética, quando os Espíritos ensinaram: "Deus é a inteligência suprema, causa primária de todas as coisas".

Abria-se um pouco mais meu entendimento em relação ao Divino que se agigantava. Apesar de não possuir capacidade de entendê-Lo, pelas limitações próprias da criatura imperfeita que sou, começava agora a fazer sentido o que Jesus houvera ensinado a nosso respeito quando disse que somos deuses e poderíamos fazer o que Ele fazia e muito mais.

Clareava meu entendimento gradativamente. A genética divina, por não ter uma analogia melhor para minha limitada compreensão, estava em mim e eu, por descendência, estava Nele, no Criador.

Também fazia sentido a síntese que o Cristo havia feito nos mandamentos e nos profetas, orientando que procurássemos amar a Deus sobre todas as coisas e ao próximo como a nós mesmos. Claro, o Mestre já sabia que até os dias de hoje, não teríamos condição evolutiva para penetrar a essência divina, mas nos mostrou o caminho para uma relação verdadeira de amor ao semelhante.

Amar nossos irmãos e, por extensão, toda a Criação de Deus era o início da materialização do nosso contato íntimo com o Criador. Fazia sentido em todos os aspectos e na direção que levava minhas reflexões, essa realidade começava a ficar estampada à minha frente. Óbvio que se procurasse amar aquilo que Deus cria, seria candidato a conhecê-Lo melhor. Quem sabe quanto tempo ainda vamos necessitar, em termos evolutivos, para penetrar a essência Divina?

André Luiz, por meio da psicografia de Francisco Cândido Xavier e Waldo Vieira, em sua obra *Evolução em Dois Mundos*, diria que vivemos no hálito divino. Agora o peixe começava a ter alguma noção de sua relação com o oceano, que o sustenta e lhe dá a vida.

Meu Deus, quanto tempo para encontrá-Lo, quantos milênios procurando de maneira equivocada, sem perceber que o Seu amor estava não só ao meu redor, na Criação que Lhe pertence integralmente, mas acima de tudo, em mim mesmo!

Louvado seja Senhor, pela Sua misericórdia que nos orienta e, acima de tudo, nos aguarda a maturidade para um dia conhecê-Lo em sua plenitude e viver em Seu amor.

Deus

O Universo é obra inteligentíssima, obra que transcende a mais genial inteligência humana. E, como todo efeito inteligente tem uma causa inteligente, é forçoso inferir que a do Universo é superior a toda inteligência. É a inteligência das inteligências, a causa das causas, a lei das leis, o princípio dos princípios, a razão das razões, a consciência das consciências; é Deus!

Deus! Nome mil vezes santo que Isaac Newton jamais pronunciava sem descobrir-se.

É Deus! Deus que vos revelais pela natureza, vossa filha e nossa mãe.

Reconheço-vos eu, Senhor, na poesia da Criação, na criança que sorri, no ancião que tropeça, no mendigo que implora, na mão que assiste, na mãe que vela, no pai que instruiu, no apóstolo que evangeliza.

Deus! Reconheço-vos eu, Senhor, no amor da esposa, no afeto do filho, na estima da irmã, na justiça do justo, na misericórdia do indulgente, na fé do pio, na esperança dos povos, na caridade dos bons, na inteireza dos íntegros

Deus! Reconheço-vos eu, Senhor, no estro do vale, na eloquência do orador, na inspiração do artista, na santidade do moralista, na sabedoria do filósofo, nos fogos do gênio! Deus! Reconheço-vos eu, Senhor, na flor dos vergéis, na relva dos vales, no matiz dos campos, na brisa dos prados, no perfume das campinas, no murmúrio das fontes, no rumorejo das franças, na música dos bosques, na placidez dos lagos, na altivez dos montes, na amplidão dos oceanos, na majestade do firmamento

Deus! Reconheço-vos eu, Senhor, nos lindos antélios, no Iris multicolor, nas auroras polares, no argênteo da Lua, no brilho do Sol, na fulgência das estrelas, no fulgor das constelações! Deus! Reconheço-vos eu, Senhor, na formação das nebulosas, na origem dos mundos, na gênese dos sóis, no berço das humanidades; na maravilha, no esplendor, no sublime infinito! Deus! Reconheço-vos eu, Senhor, com Jesus, quando ora: "Pai nosso que estais nos céus"... Ou com os Anjos quando cantam: "Glória a Deus nas Alturas"

Aleluia!...

Eurípedes Barsanulfo – Sacramento, 18 de janeiro de 1914.

CAPÍTULO 3

Quem sou eu?

Quem sou eu além daquele que fui?
Perdido entre florestas e sombras de ilusão
Guiado por pequenos passos invisíveis de amor
Jogado aos chutes pelo ódio do opressor

Salvo pelas mãos delicadas de anjos
Reerguido, mais forte, redimido,
Anjos salvei
Por justiça lutei
E o amor novamente busquei

Quem sou além daquele que quero ser?
Puro, sábio e de espírito em paz
Justo, mesmo que por um instante,
Forte, mesmo sem músculos,

E corajoso o suficiente para dizer "tenho medo"
Mas quem sou eu além daquele que aqui está?
Sou vários, menos este.
O que aqui estava, jamais está
E jamais estará
Sou eu o que fui e cada vez mais o que quero ser
Mudo, caio, ergo, sumo, apareço, bato, apanho, odeio, amo...
Mas no momento seguinte será diferente
Posso estar no caminho da perfeição
Cheio de imperfeições
Sou o que você vê...
Ou o que quero mostrar.
Mas se olhar por mais de um segundo,
Verá vários "eus",
Eu o que fui, eu o que sou e eu o que serei.

Christian Gurtner[1]

---

1 Christian Gurtner é um escritor, dramaturgo e poeta brasileiro. Nascido em Belo Horizonte, também é conhecido por fazer podcasts.

Christian teve seu primeiro reconhecimento na literatura com o livro romântico *Cidade dos Milagres*. Ele é um autor que faz críticas à sociedade e gosta de provocar polêmica sobre a visão das pessoas em relação à pobreza e à vida.

Chrstian Gurtner tem um site chamado Escriba Café (WWW.escribacafe.com) onde aborda temas do cotidiano em forma de poesia. Também é colunista do site Oficina de Teatro.

Na conceituação espírita, somos Espíritos imortais, criados por Deus para uma ascensão espiritual que se promoverá por nosso esforço e vivência, na aquisição e construção de valores morais advindos e pautados na Lei de Amor. Para esta aquisição, o Senhor da vida oferece-nos a reencarnação, uma vez que em apenas uma existência seria impossível experenciar todas as situações necessárias para nosso avanço e aprendizado. Alternamos as experiências em nossa escalada evolutiva; ora estaremos encarnados, ora desencarnados. Naturalmente a reencarnação por ser metodologia educativa para o Espírito, não está inserida no seu processo evolutivo total. O Espírito reencarnará pelo período que for necessário, não sendo em caráter definitivo. Quantas vezes vamos reencarnar? A reencarnação não se apresenta em quantidade idêntica para todos. Isto vai depender de como aplicarmos essa metodologia em nossas vidas.

Reencarne é meio para o progresso e não fim. Sua limitação está na exata medida do processo de autoconhecimento.

Quanto maior nosso autoconhecimento, maior será nossa facilidade em gerenciar nossas existências e intermitências, período que passamos no plano espiritual. Esta noção de continuidade pode ser constatada nas informações que nos foram e continuam a ser apresentadas pelos Espíritos amigos, por meio da psicografia de Francisco Cândido Xavier, e de tantos outros. Aquele que trabalha e estuda na dimensão material, continuará a desenvolver estas mesmas atividades na medida justa do seu interesse, sendo o contrário também verdadeiro.

É da lei que semelhante atraia semelhante; questão de magnetismo, pura sintonia. Em nossa jornada, estaremos ligados a outras criaturas que sejam afinadas com nosso pensar e agir.

Dessa forma, o conhecer-se, traz-nos as respostas de maneira mais imediata a nosso respeito. Não mais o simples **quem sou eu ?** Difícil encontrarmos, com a intelectualidade já conquistada, alguém que não tenha noção sobre si mesmo.

O problema não está simplesmente relacionado ao **quem sou eu**, mas também, **ao que estou fazendo aqui** e, qual proveito podemos tirar da experiência atual, dado que o nosso passado já foi vivido e reflete-se em nós hoje.

Então, como melhorar e nos conhecermos mais para enriquecermos nossos talentos?

Não poderíamos pretensiosamente apresentar nenhuma metodologia melhor do que o Evangelho de Jesus. Roteiro de autoconhecimento, de bem relacionar-se consigo mesmo e com o semelhante.

Não indicamos aqui o Evangelho na forma de trajeto religioso, como tratado por muitos, em absoluto. Evangelho é vida e, dessa forma, sua aplicação está voltada para o nosso dia a dia, seja com a família ou na sociedade.

O conceito iluminado apresentado por Jesus de buscarmos fazer ao outro o que gostaríamos que ele nos fizesse, deixa evidente a possibilidade de exercício positivo em nossas vidas. Essa atitude permite que nos conheçamos melhor, aumenta nosso discernimento em relação a nossa evolução atual e dá a noção exata daquilo que construímos para o futuro.

Por meio da oportunidade oferecida pelo outro, na construção e manutenção de relacionamentos, as respostas inerentes ao **quem sou eu** surgem de maneira objetiva, assim como **o que estou fazendo aqui**.

Quando nos convencemos de nossa posição de Espíritos em evolução, não podemos ficar limitados às concepções ultrapassadas dos objetivos da vida. Nascer, crescer, criar a família, cuidar das responsabilidades que nos são inerentes e morrer, também podem, quase todas elas, serem realizadas por nossos irmãos irracionais, conforme leciona o Espírito André Luiz, por meio de Francisco Cândido Xavier, na obra *Sexo e Destino*.

Logo, consciente de que a nossa posição não está limitada à condição irracional, já temos uma resposta bastante sólida a respeito de quem somos. Impossível aceitar que nossos amores, aprendizado, sucessos ou mesmo equívocos, estejam relacionados a um simples nascer, crescer, reproduzir-se, morrer.

Se assim fosse, teríamos uma vida vegetativa e sem sentido, mostrando um Deus pequeno, com mentalidade limitada. Na condição evolutiva já conquistada, este entendimento não faz mais nenhum sentido. A divindade não criaria a vida sem objetivo, ou de forma estacionária.

Basta nos observarmos. Temos um dinamismo impressionante, cuja condição é progressiva e o estado ocioso representa enfermidade para o ser.

A criatura quer sempre mais, o progresso está gravado em nossa genética espiritual. O estudante quer a promoção e maior conhecimento, o trabalhador mais especialização e o Espírito imortal, que somos nós, por comparação simples, maior evolução.

Sabedores do que já somos, temos a precisa noção daquilo que podemos vir a ser, no ensinamento simples de

Jesus: semeadura livre, colheita obrigatória.

Se o passado reflete nossa herança, o futuro irá refletir exatamente aquilo que construímos hoje. Conhecer-se e aplicar os conhecimentos adquiridos é usar a inteligência com sabedoria em nosso próprio favor. Afinal, se o passado já foi e o futuro é subjetivo, saber escolher e buscar aperfeiçoar-se no presente é a melhor atitude que podemos ter no investimento chamado vida, para que os resultados não nos decepcionem no decorrer do tempo.

- Quem sou eu?

Resposta simples e objetiva que repetimos: Espírito imortal criado a semelhança de Deus, com potencial a ser desenvolvido no tempo e de acordo com a nossa vontade.

- O que estou fazendo aqui?

Reencarnado para a sagrada oportunidade de aprendizado no quesito relacionamento, lastreado no Evangelho do Cristo, roteiro de luz para conquistas sólidas do Espírito.

- Para onde vou?

Para onde exatamente você quiser, porque você, eu, todos nós, somos herdeiros de nossas próprias ações. Viveremos ladeados do bem ou do mal que construirmos para nossa existência.

Importante sempre lembrar, com Jesus, que não se colhem figos de abrolhos.

CAPÍTULO 4

Reencarnação, o processo pedagógico divino

Deus controla o Universo com um conjunto de leis reguladoras e mantenedoras da vida que abrange todas as Suas criaturas. A base de todas estas leis é o amor. Pelo amor, Deus criou todos os seres e pautou uma trajetória de evolução constante para que um dia possamos conquistar o requinte do amor e da sabedoria.

Este é um longo caminho e para que possamos alcançar estes objetivos, outra lei universal nos favorece: a Lei da Reencarnação.

O Espírito é imortal. O corpo material é que perece. Reencarnar significa a volta do Espírito à vida material, mas em corpo e cenário diferenciados, sempre de acordo com as necessidades de aprendizado.

A reencarnação é um processo pedagógico, pois favorece a educação do Espírito. Somente ela possibilita a aquisição e conquista da compreensão e entendimento da vida em todas as suas nuances e amplitude.

Várias doutrinas e religiões aceitam a reencarnação.

Mas será que aceitar a sua existência muda a nossa vida?

A rigor a resposta será: *talvez!* Por quê? Porque o fato puro e simples de estar informado a respeito de uma ciência, processo, pesquisa ou resultado, por si só não altera nosso comportamento.

Como exemplo simples, poderíamos usar o hábito do tabaco. Quantas informações possuímos na área médica de que esse hábito produz efeitos nefastos a saúde?

Campanhas são feitas há anos. Governos do mundo inteiro investem na educação e prevenção contra o seu uso. Fazem isso preocupados com os altos custos de programas na área da saúde e com o índice elevado de incapacitação. Estas campanhas educativas alertam e até salvam muitas pessoas deste grande mal que assola as sociedades há séculos.

Fumar já foi elegante por muito tempo. Artistas promoviam este hábito, médicos recomendavam em campanhas publicitárias, o uso de determinadas marcas. As pessoas usavam o produto até mesmo como suporte psicológico. Fumar, diziam, faz bem.

Até o momento em que se tornou patente para a sociedade que o seu uso trazia sérias e danosas consequências para a saúde. Mas, mesmo diante da informação, com campanhas elucidativas, ainda é grande o número de pessoas que se deixa conquistar.

Claro está que a liberdade de cada um garante-nos o direito de opção e decisão. De forma alguma poderemos discordar. O direito de viver de acordo com o livre arbítrio está garantido na grande maioria dos países, previsto em suas leis e constituições, mesmo em aspecto tão comum quanto ao uso do tabaco.

Mas se temos a liberdade para escolher porque não avaliarmos melhor nossas escolhas?

Em matéria de uma vida mais saudável, por que escolher o caminho mais difícil? As respostas deveriam ser mais raciocinadas e refletidas. Mas isto é questão de maturidade e valores.

Outro aspecto simples a título de exemplo: todos sabem que a maledicência pode destruir laços de amizade ou construir inimizades. Porém, usamos este procedimento apesar do conhecimento, ou mesmo, da experiência mal sucedida dentro desse terreno.

Então, chegamos aqui, depois de exemplos práticos, ao ponto que nos interessa e que foi alvo de nossa primeira pergunta: conhecer a reencarnação muda nossa vida?

O conhecimento dela é milenar e não necessariamente altera o procedimento do ser que, diante desse recurso pedagógico, pode se portar como aluno interessado ou displicente.

Entretanto, independentemente de postura ou aceitação do fato, este recurso é utilizado em nosso favor, tenhamos ou não consciência dele.

Temos o nosso livre arbítrio suprimido?

A resposta tem que atender a lógica: em nossa primeira infância nossos pais costumavam perguntar se desejávamos ou não tomar determinada vacina ou medicamento, quando necessário?

Deus precisa perguntar e receber nossa autorização para que o Sol nasça todos os dias ou essa estrela atende as leis previstas no Universo? Diga-se de passagem, estas leis são de autoria do próprio Senhor da vida.

Então, reencarnação é, sem sombra de dúvida, um processo pedagógico e, como tal, pode ser muito melhor aproveitado, quando seus mecanismos, sua dinâmica e seu processo são conhecidos.

A Reencarnação não se apresenta apenas como produto criado pelas religiões. Por isso, ela não pode e nem vai estar obrigatoriamente vinculada à religião ou qualquer doutrina.

Existem aqueles que a aceitam e tiram proveito dela para esclarecer-se e também, para se educar dentro da sua metodologia. E há aqueles que a ignoram solenemente.

Neste ponto, se temos conhecimento de que é um fator de progresso, o que podemos utilizar para que sua mecânica possa ser mais bem aproveitada?

Não é receita nova, nem tampouco imposição, mas sim sugestão do maior Mestre que já passou pelo planeta: estudar e seguir o seu Evangelho. Sendo um roteiro educacional por excelência, transformando relacionamentos, com respeito, confiança e trabalho ativo no bem, para conosco e para com a sociedade. Não somente a sociedade familiar, mas a sociedade como um todo.

Compreender os mecanismos da reencarnação é ganhar em tempo procurando ser melhor a cada dia; sabendo que o hoje é reflexo do ontem e o amanhã está sendo construído no presente.

Ela traz possibilidades de reajustamento entre os seres, daquilo que fizemos de forma equivocada ou simplesmente deixamos de fazer. Oportunidade sagrada de trabalho construtivo em que podemos nos conscientizar de nossa própria realidade como cocriadores que somos na obra divina, colaborando para que o mundo melhore, por meio do nosso reflexo melhorado.

Não precisamos abrir mão de nossos objetivos ou deixarmos de procurar o sucesso em nossos empreendimentos pessoais, mas devemos analisar, acima de tudo, "como" alcançar esses mesmos objetivos.

Sermos bem-sucedidos com a infelicidade ou insucesso do outro não nos parece que esteja coerente com as leis do Criador.

A metodologia reencarnatória já não objetiva mais pura e tão somente os ajustes relativos ao comportamento do ser na presente existência. Ela oferece a todos condições de viver bem no hoje e uma vez conscientes que somos cidadãos universais, podemos produzir as condições de continuarmos vivendo bem melhores no amanhã.

Lembremo-nos de que a vida é uma só, as reencarnações são muitas, e estará presente em nosso processo educacional pelo período que se fizer necessário, não como punição, mas como processo libertador.

Lembremo-nos de Jesus que nos ensinou a buscar conhecer a verdade para que ela possa nos libertar.

CAPÍTULO 05

Passado, presente e futuro

É conhecida a expressão de quem vive no passado não tem presente, logo não tem futuro, uma vez que é no presente que construímos o amanhã.

Conscientes de sermos Espíritos imortais, esta frase faz todo sentido porque não estamos pura e simplesmente voltados a uma única existência. Tanto é fato, que para *"não vivermos em um verdadeiro jardim de cadáveres"**, utilizando-nos da expressão de nosso saudoso Militão Pacheco, por meio da mediunidade abençoada de Francisco Cândido Xavier, temos o esquecimento daquilo que fomos e fizemos para que dessa maneira, possamos reiniciar as nossas experiências no plano físico, sem receios das visitas relacionadas à humilhação ou à vaidade.

A justiça de Deus é sábia e dentro dessa sabedoria Divina, encontramos a benção de mantermos em nós, como

Espíritos que somos, nossas experiências gravadas, que despertam como intuições, nos auxiliando no progresso e nas realizações atuais, com vista ao desenvolvimento futuro.

Reencarnamos com nova roupagem física, evidentemente com as limitações que nos são necessárias, tendo nosso psiquismo formatado para o esquecimento do passado, em processo possível pela reencarnação.

A vida, desde o momento que despertamos no ventre materno, apresenta-se nova, e são raras as exceções de lembranças de outras existências que se mantêm depois dos três ou quatro anos de idade.

Todo este cuidado é para que possamos aproveitar ao máximo as lições de nossa nova existência, tendo como norte, a bússola das experiências e conquistas realizadas nos milênios anteriores.

Logo, estamos aqui nesta presente existência para fazermos o nosso melhor, aonde, com quem e como estivermos, entendendo que somos todos úteis nas obras de Deus, seja no círculo familiar, na sociedade, na vida como um todo.

Não somos bonecos colocados e manejados pela mão divina. Somos criaturas livres e respeitadas pelo Criador que nos oferece a oportunidade do recomeço, sem o peso e os fardos do passado.

Dentro do processo renovador , necessitamos fazer nossa parte no esforço que nos compete, realizando o melhor em nossa construção íntima, como novas criaturas, expressando os ensinos do Cristo no seu Evangelho redentor que nos estimula a amarmos ao próximo como a nós mesmos.

Não estamos no planeta para um simples recordar ou para vivermos algemados ao passado. Estamos aqui para fazermos algo novo com as experiências que já temos solidificadas em nós com vistas ao futuro.

Trabalhar a reformulação de propósitos, exercitar boas maneiras e trabalhar na autoeducação são investimentos seguros para o futuro e para realizações sólidas. Tudo isso não somente em nosso favor, mas também em favor da sociedade planetária onde atuaremos para trazer o progresso, a começar por nós .

Portanto, cabe-nos o esforço continuado no exercício do bem, focando nossas realizações pessoais, sem desculpismo ou comodismo.

O Espírito, como um ser construído na dinâmica do progresso, não pode, sob pena de adoecer, ficar estacionado no presente, com as dores, ou alegrias do passado, relembrando bons tempos e fugindo daquilo que se deve realizar.

"No passado que era bom" é a melhor expressão daquele que quer fugir do presente e "no futuro será melhor", também é querer fugir das realizações que nos aguardam.

Não estamos aqui estimulando o esquecimento de valores e alicerces que nos formaram, nem tampouco a negligência com o futuro, mas sim buscando estimular as realizações no presente, com a solidificação do que somos até o momento e do que seremos se investirmos em nosso crescimento.

Jesus não nos trouxe um Evangelho de recordação. Ele deixou um roteiro de dinamização do Espírito para que dessa maneira não continuássemos prisioneiros de nossos enganos. O Evangelho é libertador, como é o próprio ensino de Jesus que nos incentiva a conhecer a verdade para que ela nos liberte de nossa ignorância, que é o verdadeiro grilhão que nos prende ao passado, e com asas novas, pelo exercício no amor, voaremos em direção ao futuro, como criaturas melhores.

O planeta e seus habitantes precisam do esforço de cada um para serem promovidos a um patamar mais feliz. Não adiemos mais nossas responsabilidades, façamos o melhor para que ele seja refletido ao nosso derredor e influencie o nosso semelhante à prática do bem.

O Espiritismo pergunta

Meu irmão, não te permitas impressionar apenas com as alterações que convulsionam hoje todas as frentes de trabalhos e descobrimentos na Terra.

Olha para dentro de ti mesmo e mentaliza o futuro.

O teu corpo físico define a atualidade do teu corpo espiritual.

Já viveste, quanto nós mesmos, vidas incontáveis e trazes, no bojo do espírito, as conquistas alcançadas em longo percurso de experiências na ronda de milênios.

Tua mente já possui, nas criptas da memória, recursos enciclopédicos da cultura de todos os grandes centros do Planeta.

Teu perispírito já se revestiu com porções da matéria de todos os continentes.

Tuas irradiações, através das roupas que te serviram, já marcaram todos os salões da aristocracia e todos os círculos de penúria do plano terrestre.

Tua figura já se integrou os quadros do poder e da subalternidade em todas as nações.

Tuas energias genésicas e afetivas já plasmaram corpos na configuração morfológica de todas as raças.

Teus sentidos já foram arrebatados ao torvelinho de todas as diversões.

Tua voz já expressou o bem e o mal em todos os idiomas.

Teu coração já pulsou ao ritmo de todas as paixões.

Teus olhos já se deslumbraram diante de todos os espetáculos conhecidos, das trevas do horrível às magnificências do belo.

Teus ouvidos já registraram todos os tipos de sons e linguagens existentes no mundo.

Teus pulmões já respiraram o ar de todos os climas.

Teu paladar já se banqueteou abusivamente nos acepipes de todos os povos.

Tuas mãos já retiveram e dissiparam fortunas, constituídas por todos os padrões da moeda humana.

Tua pele, em cores diversas, já foi beijada pelo sol de todas as latitudes.

Tua emoção já passou por todos os transes possíveis de renascimentos e mortes.

Eis por que o Espiritismo te pergunta:

Não julgas que já é tempo de renovar?

Sem renovação, que vale a vida humana?

Se fosse para continuares repetindo aquilo que já foste e o que fizeste, não terias necessidade de novo corpo e de nova existência - prosseguirias de alma jungida à matéria gasta da encarnação precedente, enfeitando um jardim de cadáveres.*

Vives novamente na carne para o burilamento de teu espírito. A reencarnação é o caminho da Grande Luz.

Ama e trabalha. Trabalha e serve.

Perante o bem, quase sempre, temos sido somente constantes na inconstância e fiéis à infidelidade, esquecidos de que tudo se transforma, com exceção da necessidade de transformar.

Militão Pacheco – Livro: O Espírito da Verdade – Francisco Cândido Xavier – Waldo Vieira - *Autores diversos – FEB, Rio de Janeiro, RJ*

CAPÍTULO 6

Transformar-se...

Antoine Lavoisier foi um químico francês, considerado o pai da química moderna, viveu entre 1743 e 1794, e é dele a seguinte frase: "*Na natureza nada se cria, nada se perde, tudo se transforma*".

A transformação está na base de nossa natureza. No dinamismo da vida podemos observar o progresso gradativo, na evolução das espécies, que movidas por leis naturais, buscaram o aperfeiçoamento de maneira espontânea.

O homem foi se aperfeiçoando durante sua caminhada e com sua inteligência muitas descobertas foram feitas em diversas áreas: médica, tecnológica, científica, que trouxeram qualidade de vida para a Humanidade.

O desenvolvimento, de forma geral, caminha na velocidade de nossos esforços e percepção do mundo, de nossas necessidades e valores.

Mas nem sempre a transformação ocorre por nossas aspirações. Este chamado evolutivo parece estar acima de nossa vontade. Certos acontecimentos nos empurram para avanços, e não falamos aqui apenas do progresso material, mas também do crescimento emocional, tão necessário para o equilíbrio em nossas relações, base de nossa felicidade.

Grandes ícones da humanidade falaram de valores morais e éticos, como respeito, amor, caridade e tolerância, elementos básicos e indispensáveis para a transformação do homem.

Na antiga Grécia, em Delfos, havia um templo consagrado ao deus Apolo, e em sua entrada uma inscrição dizia; *"Ó homem, conhece-te a ti mesmo".* Os antigos já entendiam a importância do autoconhecimento, pois somente assim é possível conquistar o mais difícil dos adversários: **nós mesmos**.

Só alteramos e modificamos para melhor aquilo que racionalmente identificamos como prejudicial, e pela vontade, empreendemos esforços para transformar o negativo em positivo.

Invariavelmente, o comodismo impede que façamos mudanças urgentes e necessárias.

A zona de conforto pode estar situada em sentimentos e hábitos contraproducentes, até mesmo destrutivos.

Transformarmo-nos é necessário para progredirmos e darmos nossa contribuição dentro da sociedade, mas principalmente para desfrutarmos a vida de maneira mais feliz.

O grande desafio de nossas vidas é o de superarmos dificuldades, buscando em nosso interior, força e sabedoria para identificar o que devemos e o que não podemos modificar.

A água parada transforma-se em hospedeira de agentes danosos. O ser que estaciona evolutivamente cria para si mesmo danos ao seu equilíbrio e torna-se agente patogênico para a sociedade. Quando nos abrimos para o processo positivo do bem, nossa mente sai do círculo vicioso das águas paradas para se transformar em fonte límpida de benefícios.

Transformar-se é necessário e inteligente. Necessário porque colaboramos na implantação de um mundo melhor a partir de nós; inteligente porque evitamos os dissabores de continuarmos a vivenciar as mesmas dores e sofrimentos que são consequências de nossas escolhas enganosas, ou da não aceitação do que não podemos modificar.

CAPÍTULO 07

Renovando sentimentos

Quando buscamos a definição da palavra sentimento, encontramos que ele é ato ou efeito de sentir, sensibilidade, sensação íntima, afeto, intuição etc.

O mais sublime dos sentimentos é o amor. A capacidade de amar é inerente às criaturas, mas só atingimos o amor puro por conquista, pelo exercício desenvolvido nos relacionamentos que efetivamos durante nossas experiências emocionais.

O amor precisa ser aprendido, construído. Antes de atingi-lo em plenitude, passaremos por estágios iniciais, onde prevalecerão o egoísmo, o orgulho e a vaidade, carros-chefes dos sentimentos destrutivos

O grande desafio para a construção de nossa felicidade é a transformação destes estados emocionais negativos iniciais para sentimentos positivos.

Sentimentos negativos farão parte de nosso processo de crescimento espiritual, são experiências que a vida nos oferta em benefício de nossa autoeducação.

A Lei que rege o Universo é a Lei de Amor. Nosso objetivo supremo é compreendê-la e obedecê-la, não por medo, mas por aceitação raciocinada, entendendo que quando nos afastamos dela o sofrimento faz uma visita para mostrar a necessidade de modificação das emoções destrutivas.

A ciência já comprova materialmente que certos sentimentos são altamente danosos, comprometendo nosso corpo físico em razão da negatividade vibratória.

Não podemos deixar de sentir, mas precisamos estar vigilantes para trabalhar os sentimentos que afloram, renovando-os com nossa razão e vontade.

Será possível uma renovação imediata?

O ser humano, em seu momento evolutivo, busca resultados sempre imediatos, mas devemos lembrar que a natureza não dá saltos. Toda construção bem realizada exige tempo. Necessitamos ainda de disciplina, dedicação e muita força de vontade para efetivarmos a transformação necessária do nosso sentir. A paciência é virtude de poucos, embora devesse ser exercitada por todos. Ser paciente não representa o aguardar dos resultados sem esforço, mas sim, ser operante diante daquilo que nos compete, sabendo esperar a devida maturação do resultado.

Renovar sentimentos não é uma simples reforma, mas um trabalho de reconstrução. Demolir a casa velha e edificar uma nova. Reconstruir é mais eficiente do que remendar, como ensinou Jesus. Não se deve colocar remendo novo em pano velho, os resultados serão sempre aquém daquilo que esperamos.

A reconstrução requer planejamento e estratégia para que não desperdicemos material. Nesse caso, nossas próprias energias, e para isto, necessitamos do autoconhecimento.

Devemos verificar inicialmente quais os objetivos que nos movem e nos motivam para a renovação íntima. Este pode ser um dos passos mais importantes para o processo.

Nos relacionamentos pessoais, sejam de nossa parentela ou não, precisamos verificar como nossos sentimentos são manifestados. Melindres são constantes? Mostramo-nos muito sensíveis diante de determinadas observações? Mudamos de humor muito rapidamente com aqueles que discordam de nossas opiniões?

E quando nos relacionamos com a dor? Qual a nossa postura? Revoltamo-nos? Achamos que Deus está contra nós? Que não merecemos o que passamos?

Como as situações nos afetam? Como costumamos reagir? A busca pelo autoconhecimento é imprescindível, é um trabalho de observação pessoal, que podemos dividir de algumas maneiras:

A) Observar-se no convívio com o próximo;

B) Observar-se quando a dor nos visita;

C) Avaliar nossa reação quando não recebemos da vida o que desejamos, e também como lidamos com as perdas.

Relacionamos aqui apenas algumas análises que poderão levar cada um de nós a reflexões importantes em relação aos propósitos de nosso desejo de renovação.

Esta observação sistematizada levará a um processo de autoexame, tornando os esforços de mudança muito mais produtivos e porque não dizer, menos exaustivos, com menor dispêndio de nossas próprias energias, identificando o que necessita ser melhorado.

Vejamos um exemplo:

A inveja pode ser um dos aspectos que nos incomoda? Já racionalizamos esse sentimento? Talvez não, porque não observamos nossas reações em relação às conquistas alheias.

Mas consideremos que em determinado instante, constatamos que esse sentimento está em nós. Primeiro ponto a ser observado é que neste momento já estamos em grande vantagem, porque descobrimos o sentimento com resposta totalmente automatizada, algo construído por décadas ou mesmo séculos.

Ele não vai desaparecer simplesmente porque foi descoberto.

Então, quais os próximos passos? Naturalmente, não o faremos em um passe de mágica, lembremos que despendemos de tempo para a sua construção, e vamos precisar não do mesmo tempo, mas de certo período para a sua substituição.

Como fazer?

Não estamos aqui com uma receita pronta porque seria muita pretensão de nossa parte. Entretanto, após a constatação do fato, os comandos mentais deverão estar relacionados não a um processo punitivo de autodesvalorização, com afirmações negativas a nosso respeito, porque isso só estimula nossa baixa autoestima, mas sim a aceitação madura da realidade encontrada, e a partir daí devemos iniciar sua modificação pela racionalização.

Iniciemos com os pensamentos de elogio sobre a vitória do outro, desejando que os êxitos conquistados possam beneficiar a todos que estejam envolvidos. É a razão comandando o coração. Isto é sempre necessário quando os sentimentos são destrutivos, negativos e podem prejudicar a nós ou nossos semelhantes.

Para chegarmos a esta condição de controle emocional e comando mental, precisamos de exercícios.

Podemos comparar com os exercícios praticados em atividades físicas. Nos primeiros dias até a adaptação sentiremos desconforto, desânimo e falta de confiança frente ao objetivo traçado, mas necessitamos de tempo, persistência, coragem e determinação frente à conquista sonhada.

Da mesma maneira que a continuidade da atividade física traz mudanças metabólicas tão oportunas, nosso organismo como um todo reage produzindo maior quantidade de neurotransmissores, nós Espíritos, quando emitimos pensamentos que se qualificam em bons sentimentos, ou os materializamos em palavras e atitudes, também trabalhamos com as estruturas potenciais do amor, do bem, e da luz que estão em nós, iluminando-nos em primeiro lugar, revigorando nosso corpo e células, em segundo lugar iluminando nossos semelhantes, podendo auxiliar todos a nossa volta com sentimentos renovados no amor.

Criaturas divinas que somos, aos poucos, não somente entramos em contato com nossa realidade interior, mas também, com a realidade que está materializada no Universo, que é o amor de Deus.

André Luiz leciona pela mediunidade de Chico Xavier, em sua obra *Evolução em Dois Mundos*, que vivemos no hálito divino. Logo, conscientes ou não, estamos diante dessa realidade, sustentados que somos por ela. Não tínhamos consciência de Deus, e na inconsciência que vivíamos, também não tínhamos a visão da sustentação pela divindade. Quando a humanidade despertar e começar a vivenciar esta realidade divina, nosso mundo será reconstruído na renovação mental e emocional de seus habitantes.

Então, renovar sentimentos traz sim a vantagem imediata de termos pleno controle de nossos pensamentos e atos dentro do que nos é possível no momento evolutivo. Mas acima de tudo, renovar nossos sentimentos faz com que sejamos partícipes na construção do amor de Deus no mundo.

CAPÍTULO 8

A importância do pensamento no controle dos sentimentos

Neurocientistas como António Damásio, da Universidade da Carolina do Sul, autor do livro *O Erro de Descartes*, Joseph LeDoux, da Universidade de Nova Iorque e Joshua Greene, da Universidade de Harvard, têm verificado a importância da conexão do pensar e sentir.

Eles verificam hoje, melhor que no passado, que tudo no cérebro é conectado. As emoções não são mais entendidas como simples artefatos ou coisas irrelevantes. A ciência achava que uma pessoa sem emoções poderia ser um pensador melhor, pois o seu cérebro cortical poderia processar informações sem distrações. Mas António Damásio encontrou alguns aspectos muito interessantes ao estudar o comportamento de pessoas que tiveram lesões cerebrais perdendo a capacidade de perceber suas emoções. A vida destas pessoas rapidamente entrou em colapso porque elas não conseguiram mais tomar decisões acertadas. Algumas fizeram terríveis investimentos e terminaram em falência. A maioria gastava horas pensando em coisas irrelevantes, como onde almoçar. Novos achados científicos sugerem que pensar apropriado requer sentir.

A razão pura é uma doença. LeDoux fez um experimento com ratos no qual estímulos dolorosos eram feitos seguindo o nervo auditivo e atingindo várias partes do cérebro. Ele verificou que estes estímulos eram processados por partes emocionais do cérebro antes que pelo córtex ligado ao pensamento consciente. Viu que esta comunicação para os centros das emoções eram duas vezes mais rápidas do que para o córtex. Em suma: experimentamos fortes reações emocionais antes de conhecer exatamente a que estamos reagindo.

Uma vez tendo sido brevemente informados da visão científica sobre o recurso do ser dentro do sentir e pensar, vejamos como podemos entender essas tão importantes conquistas como Espíritos que somos, não limitados ao corpo físico, não tendo apenas uma existência e sim quantas forem necessárias.

Baseando-nos no *Evangelho Segundo o Espiritismo* e analisando o desenvolvimento do princípio inteligente, encontramos na mensagem do Espírito Lázaro, "A Lei de Amor", recebida em Paris em 1862, parte integrante do Capítulo XI, item 8, as seguintes observações:

"*O amor resume toda a doutrina de Jesus, porque é o sentimento por excelência, e os sentimentos são os instintos elevados à altura do progresso realizado. No seu ponto de partida, o homem só tem instintos; mais avançado e corrompido, só tem sensações; mais instruído e purificado, tem sentimentos; e o amor é o requinte do sentimento.*"

"*...Disse que o homem, no seu início, tem apenas instintos. Aquele, pois, em que os instintos dominam, está mais próximo do ponto de partida que do alvo. Para avançar em direção ao alvo, é necessário vencer os instintos a favor dos sentimentos, ou seja, aperfeiçoar estes, sufocando os germes latentes da matéria. Os instintos são; germinação e os embriões dos sentimentos. Trazem consigo o progresso, como a bolota oculta o carvalho. Os seres menos adiantados são os que, libertando-se lentamente de sua crisálida, permanecem subjugados pelos instintos*".

Analisando os aspectos, tanto de ordem científica como na ótica do Espiritismo, percebemos que a mensagem de

Lázaro ensina com antecedência de mais de um século, as conclusões que renomados neurocientistas chegaram dentro do terreno de seus estudos e pesquisas.

Diante deste conhecimento, vemos a importância do controle de nossos sentimentos, para que tenhamos o controle do nosso mundo interior inicialmente, e também da influência que possamos causar no outro e em nossa vida.

Trilhando um caminho mais fácil para o nosso entendimento, verificamos que todas as vezes que temos um pensamento de amor, passamos a emitir pensamentos do mesmo teor, criando uma atmosfera positiva ao nosso redor, com influências claramente sentidas por aqueles com quem nos relacionamos.

Lembramo-nos do processo da paixão, que é bom em sua essência, porque funciona como polo de atração não somente magnética, mas também química, por meio da feniletilamina (um dos mais simples neurotransmissores), conhecida há mais de 100 anos, mas só recentemente associada à paixão. Ela é uma molécula natural semelhante à anfetamina e suspeita-se que sua produção no cérebro possa ser desencadeada por eventos tão simples como uma troca de olhares ou um aperto de mãos.

Além da feniletilamina, mais algumas substâncias são

responsáveis pela paixão como a dopamina e a ocitocina.

A professora Cindy Hazan, da Cornell University, em Nova Iorque explica que os seres humanos são biologicamente programados para se sentirem apaixonados durante 18 a 30 meses; tempo de vida longo o suficiente para que o casal se conheça, copule e produza uma criança.

Notamos que a natureza é perfeita, e se existe alguma coisa que altera a sua beleza é a nossa vontade. Em outras palavras, a paixão é boa para o ser humano, o descontrole sobre ela torna-se problema originado pela própria criatura.

Aproveitando este exemplo, a pessoa apaixonada emite pensamentos e vibrações nitidamente envolventes, não só para o ser com quem está envolvido, mas também para as pessoas de seu círculo mais íntimo, incluindo por vezes até mesmo, desconhecidos. É comum a expressão de que "fulano viu passarinho verde", quando vive momentos tão significativos no terreno do sentimento.

Infelizmente, ainda, não conquistamos o equilíbrio adequado por conta de conhecermo-nos aquém do que poderíamos, e por causa disso, somos às vezes também grandes emissores de energias infelizes e desequilibradas, abrindo caminho para diversas enfermidades, não somente em nós, mas com a responsabilidade de influenciarmos os que nos rodeiam.

Se entendermos que somos verdadeira usina eletromagnética, não somente no papel de emissão, mas também de assimilação, construindo processos de retroalimentação energética, teremos diante desse quadro, a proporção exata de nossas responsabilidades, na medida em que o nosso conhecimento é ampliado.

Quando nossos pensamentos são emitidos, carregados dos nossos sentimentos, não somos mais senhores exclusivos deles. Passamos para o processo de partilha e fortalecimento daquilo que nos interessa em caráter imediato.

Se eu sinto ódio por alguém, começo a emitir pensamentos de ódio que entrarão em contato com outras mentes que vibram no mesmo diapasão, fortalecendo-as. Ao mesmo tempo, meus pensamentos e vibrações são fortalecidos e voltam para mim, como verdadeiro petardo, com carga magnética por vezes dobrada ou triplicada, agravando quadros enfermiços frágeis ou até mesmo obsessivos.

Mas os estragos não param por aí. Por nosso descuido e invigilância, seremos responsáveis pelos danos causados a outros.

Por isso é muito importante nossa vigilância para com nossos pensamentos. Devemos fazer todo esforço para mantê-los em qualidade, usando da prece quando necessário, para não efetivarmos a conexão nociva que pode acarretar dissabores e sofrimento. Quando não sintonizarmos com o mal, ele não nos atingirá, mas se nossos pensamentos e sentimentos forem recíprocos ao ódio, adoeceremos pelo efeito de nosso próprio veneno.

A justiça do Pai é sábia porque todas as vezes que a criatura não tiver qualquer compromisso com o mal, ela não vibrará no mesmo diapasão daquele que lhe quer mal. A pessoa que estiver em sintonia mais elevada, os pensamentos de ódio, inveja, mal querença, que lhe são endereçados, não encontrarão similaridade, retornando ao seu emissor, carregado de energias de criaturas que se encontram no mesmo nível de vibração.

Portanto, sempre vale a pena registrar que amar faz bem, é saudável, e coloca-nos em contato com a vibração do Universo, que é a do amor de Deus.

A criatura que emite pensamentos de paz, luz, equilíbrio, bondade, buscando controlar o que sente, não somente vive melhor, como influencia positivamente aqueles que a cercam e também assiste caridosamente todos que apresentem carências, não sendo limitada a questão de tempo e espaço.

E como poderemos alcançar resultados satisfatórios

dentro dessa área tão difícil do autocontrole?

É exatamente aí que as nossas conquistas fazem a diferença. Somos seres racionais e podemos utilizar a razão por meio da auto-observação para questionarmos e modificarmos nosso sentimento.

Simplificando: se sentimos ciúme de determinada pessoa, e estamos emitindo pensamentos dentro desse patamar energético, a pergunta que precisamos fazer é: para onde esse tipo de sentimento vai me conduzir?

Questões do tipo: será que realmente estou seguro/a na relação? É o meu ponto de vista que está equivocado ou viciado na desconfiança? E assim por diante.

O convite não é para que nos tornemos pessoas incautas, mas sim que modifiquemos racionalmente o modo de sentir para que não nos tornemos presas do automatismo destrutivo e alienante em relação à vida e aos nossos semelhantes.

Novamente, a necessidade da observação constante e do exercício de transformação.

Jesus nos ensinou: "Vigiai e orai". Significando que vigiar é prestar atenção naquilo que sentimos, nos pensamentos que estamos emitindo e orar é partir para ação racional e equilibrada. É trabalho contínuo com esforço e dedicação.

Por isso, relembramos o sábio ensinamento de Jesus de que procurássemos nos amar uns aos outros como ele nos amou, fazendo sempre o bem. Ele chegou mesmo a recomendar o perdão incondicional, orientando que buscássemos orar por aqueles que nos caluniam ou nos perseguem.

Verdadeiras lições de libertação da criatura, realizada por ela mesma, dependendo somente de seu esforço pessoal.

CAPÍTULO 9

O erro faz parte do crescimento, perdoe-se, mas não se acomode

Respeitando nosso momento evolutivo, precisamos repensar sobre o aspecto do erro em nossas vidas. Ninguém em sã consciência deseja errar. O erro, ou os enganos, acontecem por nossa falta de maturidade e inabilidade em gerenciar as dificuldades.

Neste capítulo tratamos de esclarecer que o erro faz parte do crescimento. Porém a repetição do erro, ou a insistência nele, indica uma tendência ao comodismo e viciação daquele que não tem interesse em modificar-se. "Ninguém nasce sabendo". Esta frase popular, muito conhecida, ilustra bem a situação do erro.

Nascemos sem saber ou conhecer uma infinidade de

coisas ou circunstâncias da vida. Somente com a vivência criamos condições para avaliar, conhecer e acertar.

Tomemos por base nosso processo de alfabetização. Quanta insistência e dificuldades para vencermos as etapas iniciais. Parecia impossível que as primeiras letras se materializariam no papel, pelo menos para a grande maioria de nós. No entanto passada esta fase, começamos a trabalhar o aperfeiçoamento, não somente da escrita, mas da língua como um todo.

Erramos durante este período porque não sabíamos como fazer, falhamos tentando acertar. Fomos aos poucos entendendo e racionalizando que as primeiras tentativas mostravam-se primárias e até desastradas, todavia a insistência, a paciência no fazer novamente, capacitou-nos a escrever, ler, criar...

Nossos familiares, professores e amigos nos estimularam a vencer barreiras e pudemos sair vitoriosos.

Aprendemos a ser complacentes com nossos equívocos, mas não displicentes. Ao ver tantas pessoas lendo e escrevendo, sabíamos que se superássemos os primeiro momentos, conseguiríamos também. E não desistimos, pois o desejo de ler e escrever era mais forte.

Quando nos transformamos em criaturas interessadas

por construções sólidas, lastreadas por mudanças racionais e coerentes, dentro do Evangelho do Cristo, entenderemos que podemos cometer equivocos no processo do aprendizado, mas não deveremos nos colocar na posição confortável da acomodação, pois ela constrange o processo evolutivo.

Perdoar-se não pode ser processo de acomodação. Perdão sincero é sinônimo de trabalho para se fazer correto da próxima vez, buscando não repetir os enganos cometidos por conta do desconhecimento. Aqui encontramos a diferença entre ressentimento e arrependimento.

Aquele que se ressente, continua a vivenciar seu erro, ou o do próximo, inúmeras vezes, **re sentindo**, sentindo novamente; a dor, a frustração, o ódio, a tristeza, a culpa. Já o que se arrepende, entende que errou, mas parte para reconstruir, renovar, refazer, a situação na qual falhou, pois já consegue compreender que pode recomeçar. Um se põe a caminhar, o outro se entrega e estaciona. Aquele que estaciona, pode desenvolver doenças graves como a depressão.

Ao analisarmos nossa existência atual, poderíamos comparar o passar dos dias e noites como reencarnações em escala menor. Temos a sagrada oportunidade do recomeço, todas as vezes que despertamos pela manhã. Aconteça o que acontecer, o sol sempre nasce, por pior que seja a nossa dor, ele brilha, como a nos mostrar, que tudo, absolutamente tudo, pode ser refeito, sendo sempre possível recomeçar. Deus sempre nos dá novas oportunidades, a clara expressão disto é a reencarnação, através dela podemos reescrever nossa história. Somos herdeiros de nossas experiências e vivências, ao reencarnarmos temos a possibilidade do esquecimento do passado, nascemos sem lembrar quem fomos ou o que fizemos, mas trazemos conosco nosso aprendizado, nossas tendências boas ou más. Apresentamos também comportamentos automatizados, onde muitos erros podem gerar condicionamento, trazendo respostas automáticas que nem percebemos.

Onde está gravado esse condicionamento? No íntimo do ser, em nossa estrutura espiritual, conforme podemos demonstrar na figura abaixo:

1 – Consciente da vida atual:

Tomando-se por base o consciente da vida atual, estamos recebendo informações, vivenciando diversas situações, aprendendo, observando, conhecendo.

2 – Subconsciente – Banco de memória da vida atual

Em paralelo, arquivando e desarquivando todo esse material do nosso banco de memória da vida atual.

3 -Subconsciente profundo – Memória das encarnações passadas

Não podemos esquecer que não somos só consciente e subconsciente da presente existência. Somos Espíritos e possuímos também o banco de memória das encarnações passadas, ou o nosso inconsciente profundo, podendo residir aí erros devidamente automatizados, respostas desagradáveis que damos para a vida e assim por diante.

4 – Superconsciente – Potencialidades psíquicas superiores

É evidente que não somos apenas criaturas voltadas para o presente, com influência do passado. Residem em nós potencialidades psíquicas superiores em nosso superconsciente, onde estão depositados os objetivos nobres, as virtudes, qualidades e potencialidades do Espírito superior que seremos um dia.

Constata-se então, a interação entre essas quatro camadas e está em nossas mãos começarmos a fazer as alterações tão necessárias ao nosso crescimento interior para que ele possa ser refletido em todos os nossos objetivos e relacionamentos.

Se cometemos determinado erro porque está registrado em nosso subconsciente profundo, e por alguma razão específica, é resposta para determinada situação, a continuidade das ações sem o cuidado da autoanálise, reforçará a manutenção da resposta ou atitudes equivocadas, assim como também será arquivado novamente com maior carga de sentimento, e estará pronto a ser desarquivado cada vez mais fortalecido, criando dessa maneira um círculo vicioso, cujo resultado é a repetição automática.

Retornando ao nosso esquema, notamos então, que tanto o pensamento quanto a atitude correta, por se constituírem de exercício continuado, acionam os potenciais superiores ao mesmo tempo em que iniciam uma higienização no momento atual em nosso consciente, com reflexos no subconsciente atual e profundo.

As respostas começam a ser abrandadas, e ao mesmo tempo, pelo processo de interação com o superconsciente, passam a ser mais estimuladas e fortalecidas no bem.

É inteligente ser bom porque a bondade reverbera em nós e passa pelos nossos pensamentos e atos a reverberar também, em nosso semelhante, criando assim uma verdadeira corrente do bem.

Por vezes, falamos tanto em caridade, amor ao próximo, e não cuidamos de pensamentos e atos, que podem influenciar diretamente de maneira benéfica, nossa vida e a dos que nos rodeiam.

CAPÍTULO 10

Vontade, alavanca do progresso

"Dê-me uma *alavanca* e um ponto *de* apoio, e *moverei o mundo"*. *Foi com essa frase que Arquimedes, referiu-se ao uso da alavanca. Sabemos que dependendo do* tamanho da alavanca e do apoio, uma pessoa é capaz de mover ou suspender qualquer objeto.

Arquimedes nasceu em Siracusa, na Sicília, naquele tempo uma colônia autogovernada na Magna Grécia e viveu de 287 a.C. à 212 a.C. Foi um matemático, físico, engenheiro, inventor, e astrônomo grego. Embora poucos detalhes de sua vida sejam conhecidos, já são suficientes para que ele seja considerado um dos principais cientistas da Antiguidade Clássica.

Entendemos que esse pensamento do nobre cientista é interessante para a nossa despretensiosa análise sobre o progresso do que possamos realizar nesta presente reencarnação. Sabemos de antemão, como estudantes dos assuntos espíritas, que fazemos a nossa programação reencarnatória, dentro de parâmetros possíveis para que nossas realizações sejam materializadas no plano terreno.

Claro está que por se tratar de programação, somos senhores ou senhoras do nosso "destino", considerando que a cada dia, damos o direcionamento mais adequado a nossa vida.

Isto posto, podemos, de acordo com a nossa vontade, realizar conquistas incríveis, na exata medida dos nossos interesses, que podem ser limitados ou não, dependendo da compreensão que temos de nossa vida e dos objetivos que traçamos.

Realizações que podem atender a ética ou não, apesar dos aspectos éticos estarem gravados em nossa consciência, pelo processo evolutivo que conquistamos.

Entretanto, a vontade é soberana, guardadas as devidas limitações evolutivas, e é respeitada por Deus, dentro do seu processo de justiça, no livre arbítrio que nos concede, e ainda baseado no ensinamento do Cristo, de que a responsabilidade está de acordo com as obras, as realizações de cada um, da maneira que lhe convenha.

Sendo a vontade, que tem como sinônimo, desejo, convicção, ânimo, entre outros, uma conquista do Espírito, pode, como a frase do iluminado cientista, ser de fato uma alavanca que sirva de impulso diante dos momentos mais difíceis. Além disso, poderá ser um elemento para o crescimento, além das programações e responsabilidades assumidas não só na presente reencarnação, mas também, o material que trazemos em nosso inconsciente profundo, influindo na maneira de ser, sentir ou agir, de acordo com nossas tendências.

Buscando modelo de superação, lembramo-nos do incansável trabalhador do bem, Francisco Cândido Xavier.

Quando Chico chegou ao ducentésimo livro, sua missão original, a rigor, poderia ser considerada concluída. A obra do Espírito Emmanuel por meio de sua mediunidade possui inclusive o título comemorativo de "Linha 200". Todavia, sabemos que o nobre médium alcançou o número de 412 lançamentos, somente aqueles publicados diretamente por ele, sem contar a inúmera quantidade de livros editados por pessoas ou famílias que receberam muitas mensagens de seus entes queridos que já se encontravam na pátria espiritual. Observamos aqui o trabalho do médium mineiro que por sua imbatível vontade criou uma obra que nos brinda com a luz de maravilhoso conhecimento e bondade.

Claro que não somos pretensiosos em querer fazer qualquer tipo de comparação com Chico Xavier ou qualquer outro grande vulto da humanidade.O que nos move ao utilizarmos desse nobre exemplo é que pela determinação podemos, porque estamos capacitados para tal, alcançar resultados ainda mais significativos diante das nossas propostas de crescimento e objetivos, seja em qual campo for.

Para que o nosso elemento de comparação não seja destoante da vida dos chamados *simples mortais*, quando falamos de mensageiros do bem, lembramo-nos de nossa querida D. Iolanda Cezar, com quem convivemos por mais de 30 anos, participando das atividades do Lar Oficina Augusto Cezar, que esteve sob sua coordenação até seus 92 janeiros de existência. Em obra de nossa autoria, intitulada *Cisco Cândido Xavier*, descrevemos com mais detalhes as atividades dessa incansável trabalhadora do Cristo.

Como motivação para todos nós, durante 30 anos, o Lar Oficina foi responsável pelas atividades da área assistencial do Grupo Espírita da Prece, entidade fundada e dirigida pelo nosso estimado Chico Xavier.

Enxovais, mantimentos, roupas e brinquedos para as crianças, eram levados de toneladas e em vários caminhões, com grande periodicidade, para serem distribuídos em Uberaba. Certa vez, D. Iolanda comentando seu início nas atividades espíritas, dentro da área social, relatou que havia começado o gigantesco trabalho do Lar Oficina, com um simples par de sapatinhos para um bebê. Todos os anos, quando estava próximo do encerramento da atividade do Lar, no final de dezembro, ela nunca deixou sobrar um único par de sapatinhos, porque se assim fosse, uma criança poderia sentir frio em seus pés.

Verdadeiros exemplos de vontade e determinação são dados para todos nós em várias oportunidades.

Conscientizemo-nos de nosso potencial, como Espíritos que somos filhos e filhas de Deus para que possamos realizar e produzir mais em nossa vida, não somente atendendo os nossos interesses, mas também da sociedade.

O Senhor abre portas para quem tem o vigor em bater. Lembremo-nos do ensino do divino amigo que encontramos em Mateus, 7:7-8: *"Pedi, e dar-se-vos-á; buscai e achareis; batei e abrir-se-vos-á; porque todos os que pedem, recebem; os que buscam, acham; e a quem bate, se abre"*.

CAPITULO 11

O bem e o mal

Quantas lutas podemos observar entre estas duas forças antagônicas, uma defendendo a felicidade do homem e a outra tentando desviá-lo de sua senda, de viver como filho de Deus.

Com o entendimento primário em relação aos aspectos do bem e do mal, a impressão que a criatura mantinha como verdadeira, é que ambos os sentimentos encontravam-se fora de sua realidade íntima.

Tanto é que criamos figuras de caráter tenebroso para representar o mal. Algumas meio homem e meio animal que tentavam as pobres criaturas e faziam-nas de joguete quando estas caíam em suas garras.

Apesar da inconsciência de suas potencialidades, de forma intuitiva, o ser não podia admitir que estivesse dentro de si algo que pudesse ser contrário àquilo que é da sua própria natureza. Somos filhos de Deus, herdamos do Criador a capacidade de criar, do desenvolvimento, da justiça e de amar. Logo, é inadmissível que as atitudes contrárias a sua essência, pudessem provir dela mesma.

O ser que é bom, não pode equivocar-se e praticar o mal. Foi por conta dessa postura que resolvemos terceirizar na figura do outro, responsabilidades que são nossas.

O Demônio, Lúcifer, Satanás e tantas outras definições, ainda utilizadas por uma boa parcela da humanidade, continuam sendo o terceiro responsável, que busca incansavelmente tirar as criaturas do bom caminho, para se realizarem com a infelicidade delas.

Chegou-se mesmo ao absurdo de admitir que o Criador, disputava com a criatura, porque só poderia ter sido criado por Ele próprio o infeliz desgarrado de seu rebanho, um verdadeiro anjo decaído, os pobres mortais. Deus sendo Único luta contra o demônio que passou a ter status de divindade e poder semelhante.

Mais evoluídos e conscientes em relação aos enganos desta natureza, entendemos que essas figuras folclóricas serviram para uma época, ou ainda servem para parte da população do planeta, a insistência em terceirizar o mal.

São famosas as justificativas, tais como: *sou assim por culpa do meio em que vivo; costumo agir desta forma, porque todo mundo age assim; cansei de ser bom; vivo dessa maneira por responsabilidade dos outros.*

É o velho desculpismo e a fuga da responsabilidade que aos poucos foi criando insensatos, os cegos que não querem ver, conforme ensinamento de Jesus.

A realidade estampada para aqueles que estão interessados em distingui-la, é que a ignorância ao direito do outro, produz o mal dentro de nós e se espalha no coletivo. O egoísmo é a mola propulsora que faz e mantém aberta a ferida, onde os interesses egocêntricos, não permitem a sua cicatrização.

Emmanuel, na psicografia de Francisco Cândido Xavier, ensina com sabedoria a respeito do bem e do mal, simplificando para o nosso entendimento e desmontando as estruturas viciosas da transferência para o outro. Diz ele: *"O bem é quando é bom para mim e para os outros e o mal, quando é bom só para mim ".*

É óbvio o ensino do iluminado mentor. Fica patente que o cultivo do egoísmo, em detrimento do direito e felicidade de nossos semelhantes, mesmo que trazendo ilusoriamente nossa felicidade é a representação do mal.

Por isso, a enfermidade nos acompanha há tanto tempo. Somos enfermos porque nos habituamos com o erro, e não vencemos as barreiras para o relacionamento com o outro. Vivendo com justificativas para o comportamento presunçoso, permitimos que as diferenças se acentuassem, em torno da etnia, credo, cor, posição social, entre outras.

É urgente que trabalhemos nossos pontos de vista, em relação não somente ao outro, mas principalmente a nosso respeito, dentro da lição clara de Jesus de que deveríamos fazer para o próximo aquilo que gostaríamos de receber.

Dessa forma, a mudança para melhor que aguardamos em nossa presente morada, deixa de ser responsabilidade de terceiros e passa a ser assumida por nós, na conscientização de nossas responsabilidades conosco e com o Universo

Para as nossas reflexões, incluímos no presente capítulo, mensagem de Emmanuel, extraída do livro *Hoje*, psicografada por Francisco Cândido Xavier, intitulada: "No exame do bem".

Mal e bem!...

Vejamos alguns daqueles que são responsáveis pelo mal, conquanto, de algum modo, se relacionem com o bem:

· Os que falam bem e não agem bem;
· Os que vivem no bem de si, conscientemente foragidos do trabalho pelo bem dos outros;
· Os que apregoam o bem sem cultivá-lo;
· Os que se apresentam bem e não se comportam bem;
· Os que acreditam no poder do bem e exploram o bem do poder;
· Os que se apoiam no bem do dinheiro, sem distribuir o dinheiro do bem;
· Os que destacam o bem da ciência e ridicularizam a ciência do bem;
· Os que identificam claramente o bem e não procuram o bem naquilo que enxergam e naquilo que escutam;
· Os que se instruem bem e não ensinam bem;
· Os que sabem onde se encontra o bem e não se dispõem a preservá-lo;
· Os que se afligem pelo bem-estar, segundo o conforto próprio, e não se preocupam em estar bem, conforme a justiça.

O mal que surge em quem desconhece o bem é fruto da ignorância.

O mal verdadeiro, o mal que se consolida qual moléstia minaz no organismo do mundo, é sempre o resultado de nossas atitudes, quando conhecemos o bem e apontamos a necessidade do bem, sem vontade e sem coragem de praticá-lo.

CAPÍTULO 12

A importância do trabalho e da disciplina

Não faz muito tempo que o trabalho passou a dignificar o homem. Durante milênios o trabalhador foi classificado como indivíduo de segunda categoria ou servindo como escravo.

Para a maioria de nós, trabalhar já foi considerado sinônimo de inferioridade. Hoje encontramos os *"inferiores"* do passado como mentores, por vezes nossos. A questão do trabalho foi colocada de forma esplendorosa pelo próprio Jesus quando nos ensinou em João 5:17: *"Meu Pai trabalha até agora, e eu trabalho também"*.

Deus, em sua infinita sabedoria, constituiu o trabalho como sendo uma lei natural. Com ele garantimos nossa sobrevivência, buscamos melhor qualidade de vida e maior conforto.

Para estas conquistas materiais precisamos desenvolver a inteligência que possibilita o progresso. Ao trabalho devemos a condição de aperfeiçoar nossas potencialidades espirituais, pois em busca de nosso sustento, segurança e bem-estar, é que nos relacionamos, ora ofertando-o, ora necessitando do trabalho de terceiros e nestas convivências despertamos e desenvolvemos os aspectos dos valores espirituais.

Pelo ato de repetir e pela rotina, o trabalho favorece o elemento disciplinador porque exercita a paciência, tolerância, criatividade, honestidade, responsabilidade e outras virtudes que se encontram no íntimo de cada um em estado potencial.

Vemos na própria natureza o trabalho dos seres vivos em sua conservação. Os animais, por exemplo, ocupam-se simplesmente para conseguir o alimento. No reino animal o trabalho é limitado, realizado pelo instinto, não pela inteligência, por isto não há o progresso que observamos no reino hominal.

Segundo os Espíritos mesmo nas dimensões mais evoluídas, o trabalho é uma realidade em que sua natureza é relativa às necessidades das criaturas. Quanto menos materiais forem suas necessidades, menos braçal será o seu labor.

Muito diferentemente do que acreditávamos, os seres angelicais que conquistaram as asas da sabedoria e do amor, não se tornam seres ociosos e inúteis. Isto seria um verdadeiro suplício, e não uma vitória.

A verdadeira diferença é que os seres mais primitivos e egoístas trabalham para si; os mais evoluídos e fraternos, trabalham para o próximo.

Aquele que negligencia a lida cria para si mesmo paralisia, desencanto, apatia, vibrando em desequilíbrio porque se posiciona de maneira contrária as suas próprias forças interiores que demandam progresso e dinamismo.

Várias vezes, a enfermidade surge somatizada, exigindo mudanças rápidas. Estar fora da realidade do movimento, é estar fora da vida, não falamos aqui da vida material que é curta e transitória, mas da vida cósmica, espiritual, que é eterna e duradoura.

Dentro do ensinamento do Cristo, na valorização das atividades realizadoras e criadoras, vemos um paralelo com a própria natureza. A semente tem potencialmente a árvore em si, com flores e frutos, mas necessita do esforço continuado para alcançar esse objetivo superior. O ser humano que não observa a semente divina em si mesmo, gasta tempo demasiado, querendo viver isolado da sua realidade de colaborador direto da construção de Deus. Querendo viver a margem da Criação, passa ele viver à margem da sociedade e na sua sanha de desejar, mas de não se esforçar a conquistar, compromete-se em profundidade no seu caminho evolutivo, implantando para si mesmo a necessidade do resgate, por vezes, extremamente doloroso.

As tarefas não serão iguais para todos; cada ser é único, tem seus limites e necessidades, mas mesmo aquele fisicamente mais frágil, ou o que já nasceu abastado, pode trabalhar sendo útil, auxiliando àqueles que os rodeiam.

Todos nós podemos servir a sociedade. Em um primeiro momento devemos promover o trabalho íntimo e individual de crescimento e depois buscarmos servir ao semelhante, pois quanto melhor estivermos mais auxiliaremos.

Dentro do labor aprendemos a desenvolver a disciplina, elemento indispensável para o progresso. Cumprir horário, ter assiduidade em nosso trabalho profissional ou voluntário nos auxilia a desenvolver a disciplina íntima que possibilitará as transformações e aprendizado.

Sem constância e disciplina não semeamos, se não semeamos não colhemos.

Importante lembrar que devemos buscar sempre o equilíbrio, utilizando o bom senso. O trabalho deve ser realizado na medida de nossas forças. O repouso para repor as energias é necessário, e assim como a ociosidade causa prejuízos a nossa escalada espiritual, o excesso de afazeres, além do limite de nossas forças, também é danoso e arcaremos com suas consequências.

Naturalmente, sendo Deus justiça soberana, a ninguém castiga, pois nos ama a todos. Porém, Sua Lei de Amor permite que utilizemos o livre arbítrio da maneira que nos aprouver e com o passar do tempo, passamos a colher parte daquilo que semeamos. Parte, porque a justiça divina não cobra como nós, aos que nos devem. Ensina André Luiz, em sua obra *Sinal Verde*, pela psicografia de Francisco Cândio Xavier, que em geral, contraímos dívidas no atacado e pagamos em suaves prestações.

Se em nosso próprio sistema financeiro temos a complacência da instituição credora, na redução de parte dos juros e da correção da moeda, como entender a justiça de Deus, sendo inferior àquilo que criamos?

O Senhor nos oferece oportunidades para a nossa recuperação, a verdadeira salvação trazida por Jesus que trata exclusivamente de salvarmo-nos do nosso desconhecimento pelo Evangelho que educa e ensina a trabalhar, a sermos produtivos para nós e para a sociedade que nos cerca, sociedade essa que não se limita a nossa família, mas a família global, da qual somos irmãos, quer aceitemos ou não.

Estamos hoje mais esclarecidos a respeito da valorização de nossas atividades em que o ponto central não é onde ou o que se faz; mas como e por que se faz, tendo sempre a boa intenção naquilo que realizamos.

O trabalho pode apresentar-se o mais simples, mas, com o desejo de realizá-lo de forma mais perfeita possível, tendo a mente voltada para o bem do semelhante, realizamos transformações efetivas em nosso desenvolvimento e crescimento espiritual.

Se varremos a rua, dirigimos a empresa ou gerenciamos o lar, mantenhamos a postura da utilidade, valorizando aquilo que nos propusemos a fazer e, ao mesmo tempo, estendamos os benefícios de nosso esforço para o próximo, entendendo que participamos do processo criativo divino.

Independente de onde ou com quem estivermos, procuremos fazer o melhor, não visando o lucro direto, o reconhecimento ou a fama que são, como bem sabemos ilusórios; mas mantenhamo-nos dentro da realidade do servir, fazendo o melhor sempre.

Façamos o trabalho que nos compete e o Senhor fará o restante.

Trabalho sempre

Trabalho será sempre o prodígio da vida, criando reconforto e progresso, alegria e renovação.

Se a dificuldade te visita, elege nele o apoio em que te escores e surpreenderás, para logo, a precisa libertação.

Quando a névoa da tristeza te envolva em melancolia, procura nele o clima a que te acolhas e observar-te-ás, sob novo clarão de encorajamento e esperança.

Ante a mágoa que te busque, à vista de ofensas com que absolutamente não contavas, utiliza-o por remédio salutar e obterás, em tempo breve, a bênção da compreensão e a tranquilidade do esquecimento.

Debaixo da preterição que te fira, refugia-te nele e recuperarás sem demora o lugar a que o mérito te designa.

À frente de injúrias que te amarfanhem o coração, insiste nele e, com a bênção das horas, olvidarás escárnio e perseguição, colocando-te no rumo certo da verdadeira felicidade.

Perante a dor dos próprios erros cometidos, persevera com ele no cotidiano e, a breve espaço, granjearás serenidade e restauração.

Nos momentos claros da senda, trabalha e entesourarás mais luz no caminho.

Nos instantes escuros, trabalha e dissolverás qualquer sombra, desvelando a estrada que o Senhor te deu a trilhar.

Tudo o que o homem possui de útil e belo, grande e sublime se deve ao trabalho, com que se lhe engrandece a presença no mundo.

Haja, pois, o que houver, ampliem-se obstáculos, agigantem-se problemas, intensifiquem-se lutas ou se agravem provações, trabalha sempre no bem de todos, porque, trabalhando na Seara do Bem, podes conservar a certeza de que Deus te sustentará.

Emmanuel, pela mediunidade de Francisco Cândido Xavier, mensagem incluída na obra intitulada Coragem

Disciplina e educação

Evidentemente, não se justificam cilício e jejum sistemáticos a serviço da alma. No entanto, é justo empenharmos atenção e esforço na aquisição de hábitos dignos, conducentes à elevação.

Considera que toda obra, por mais importante, principia no alicerce e iniciemos as grandes realizações do Espírito, através de pequenos lances de disciplina.

Tanto quanto possível, aprende a te desprenderes dessa ou daquela porção de ti mesmo ou daquilo que te pertença. A fim de ajudar ou facilitar alguém.

Não desprezes a possibilidade de visitar os irmãos em doença ou penúria, pelo menos uma vez por semana, de maneira a levar-lhes consolação e refazimento.

Em cada sete dias, qual ocorre ao impositivo do descanso geral, destaca um deles para ingerir o mínimo de alimentação, doando o necessário repouso aos mecanismos do corpo.

Semanalmente, retira um dia para o trabalho de vigilância absoluta no próprio pensamento e no próprio verbo, mentalizando e falando exclusivamente no bem dos outros.

Em cada ciclo de vinte e quatro horas, separa diminuta área de tempo, quando não possas fazê-la mais ampla, para estudo e meditação, silêncio e prece. Faze, por dia ou por semana, um horário de serviço gratuito, e auxílio aos companheiros da Humanidade.

Decerto que não estamos generalizando recomendações, de vez que todos conhecemos criaturas, quase que inteiramente devotadas ao bem do próximo. Ainda assim, apresentamos o assunto de nós para nós mes-

mos, porque toda educação parte da disciplina e, para que nos ajustemos à disciplina, nesse ou naquele setor da vida, será sempre invariavelmente preciso começar.

Página recebida por Francisco Cândido Xavier pelo espírito Emmanuel. Livro: *Paz e Renovação,* **editora IDE.**

CAPÍTULO 13

Casamento, família e filhos

Extraímos uma pergunta e o comentário de Allan Kardec no *"O Livro dos Espíritos"* para as nossas reflexões iniciais:

696. Qual seria o efeito da abolição do casamento sobre a sociedade humana?

O retorno à vida dos animais.

A união livre e fortuita dos sexos pertence ao estado de natureza. O casamento é um dos primeiros atos de progresso nas sociedades humanas porque estabelece a solidariedade fraterna e se encontra entre todos os povos, embora nas mais diversas condições. A abolição do casamento seria, portanto, o retorno à infância da Humanidade e colocaria o homem abaixo mesmo de alguns animais, que lhe dão o exemplo das uniões constantes.

Certos grupos da sociedade posicionam-se contrários

ao matrimônio, apontando que atualmente ele é uma instituição ultrapassada. Apesar de respeitar a liberdade e o direito de opiniões contrárias, não podemos deixar de observar a conclusão simples dos próprios Espíritos responsáveis pela Codificação, sobre a necessidade desta mesma instituição permanecer fortalecida e, também, estar relacionada diretamente com o progresso da humanidade que avança a passos largos, principalmente nesses últimos 100 anos.

Hoje vemos um grande número de pessoas em busca dos relacionamentos rápidos, sem compromisso, em que se objetiva apenas a satisfação do corpo, e não a construção de relacionamentos estáveis. Notamos aqui uma fase de crescimento da humanidade e isto tende a se modificar, na medida em que o Espírito compreenda a necessidade de construir o afeto, onde nos alimentamos do amor que damos e recebemos.

Os relacionamentos descartáveis e irresponsáveis criam para a sociedade, e para o ser, consequências indesejáveis como doenças sexualmente transmissíveis, gravidez não planejada, abortos, banalização do sexo e insatisfações emocionais.

Sem sexo podemos viver, sem amor, não.

O casamento passou por diversas modificações, pois sendo o Espírito um ser dinâmico, óbvio está que tudo o que a ele se relacione também será modificado.

O casamento regulamentado pelas leis humanas poderá se apresentar de diferentes formas, dependendo da cultura, da sociedade, ou da época, mas é á partir dele que a família se constitui.

É o matrimônio, a primeira célula organizadora da sociedade familiar, onde aportamos para o aprendizado e o exercício de virtudes, tais como o amor, o perdão, a paciência e tantos outros aspectos importantes na vida de relacionamento.

A vida em família que se desenrola a partir da união de dois seres prepara-nos no micro para o que teremos de viver no macro. Ou seja, é na família que vamos exercitar a solidariedade e a fraternidade para um dia, mais evoluídos, estendermos esse mesmo conceito à sociedade como um todo, que é a família universal, pois somos irmãos em Deus, nosso Pai e Criador.

Logo, sua constituição é uma bênção divina em que os filhos, sejam eles gerados ou não, constituem a materialização do amor e confiança de Deus em nós. O Senhor da Vida deposita em nossas mãos, Seus filhos e filhas, para que por nossa vez, dentro do aconchego do lar, possamos prepará-los, para que um dia não só entendam a equação do relacionamento, mas apliquem-na com constância em suas vidas.

Portanto, é ainda de nossa necessidade evolutiva a agregação em pequenos grupos. É dessa forma que exercitaremos o amor ao nosso semelhante, dentro do ensino máximo de Jesus de que deveríamos amar ao nosso próximo como a nós mesmos.

Por incontáveis vezes, admiramos exemplos de amor em criaturas que passam pelo planeta e dedicam suas vidas em favor do próximo, abrindo mão de sua liberdade para viver em prol da educação do semelhante, voltadas para a exemplificação do bem. Diante de quadros tão expressivos, ficamos maravilhados diversas vezes, mas a pergunta que se faz necessária é: como essas pessoas desenvolveram qualidades tão sublimes? A resposta não traz nenhuma dificuldade: foi, é, e continuará sendo, dentro da família.

Muitas alegações são contrárias, no sentido de que vários desses exemplos, surgem de aglomerações descuidadas, não necessariamente equilibradas, no conceito familiar e social.

Nestes momentos precisamos lembrar o ensinamento luminar de Emmanuel transmitido pela psicografia de Francisco Cândido Xavier em sua obra *Vida e Sexo*, quando nos orienta que o diamante não deixa de ser diamante, por encontrar-se no lodo.

Uma análise despreocupada e centrada em uma evolução inconsistente, casual, quando consideramos apenas uma existência e a família como um mero agrupamento de pessoas, que se dá por acaso, leva-nos a conclusões simplórias e desprovidas de lógica.

Apesar dos avanços alcançados pelo ser até o momento, aceitar que o acaso rege relações e mesmo o Universo, é insistir em viver de maneira totalmente alienada em relação à própria vida. Não é mais possível admitirmos que todo o aprendizado, nossos sentimentos e relações positivas ou mesmo equivocadas, estejam pura e simplesmente na dependência de processos químicos no cérebro como insistem alguns; e que aprendizados, relacionamentos e vida, percam-se para sempre em uma espécie de limbo ou desfaçam-se simplesmente.

É na estruturação da família que as inteligências são desenvolvidas, podendo nem sempre estar entre um grupo totalmente amigo, o que consiste também em aprendizado. Isso não é uma realidade em nossa vida?

Não aportamos em grupos que temos diferenças com alguns e profunda amizade com outros? Como isso é possível?

Naturalmente, já vivemos como filhos, mães, pais, e assim por diante. Não somente com o grupo que nos encontramos no momento, mas também em outras agremiações, onde o nosso objetivo é o aprendizado, tenhamos consciência disto ou não.

Quando inconscientes, somos monitorados pelos engenheiros siderais, como a criança que precisa de controle dos pais. Quando conscientes, participamos por vezes diretamente de escolhas relacionadas ao agrupamento e aprendizados necessários, na posição de filho, pai ou mãe.

Essa é a lógica da vida em relação à evolução. Acreditemos ou não, todos somos Espíritos, vinculados como irmãos e filhos de Deus, e a família, quer se apresente na configuração que for e por nossa vez estejamos nós como estivermos nessa relação, sua importância no crescimento e orientação do ser, será como já o dissemos durante muito tempo, fundamental para a evolução do Espírito neste planeta.

O Senhor nos oferece o que possa ser melhor e mais

produtivo para todos nós, porém é do nosso esforço o entendimento dessa realidade.

Casamento

"Pergunta - Será contrário à lei da Natureza o casamento, isto é, a união permanente de dois seres"?

"Resposta - É um progresso na marcha da Humanidade." Item 695, de "O Livro dos Espíritos".

O casamento ou a união permanente de dois seres, como é óbvio, implica o regime de vivência pelo qual duas criaturas se confiam uma à outra, no campo da assistência mútua.

Essa união reflete as Leis Divinas que permitem seja dado um esposo para uma esposa, um companheiro para uma companheira, um coração para outro coração ou vice-versa, na criação e desenvolvimento de valores para a vida.

Imperioso, todavia, que a ligação se baseie na responsabilidade recíproca, de vez que na comunhão sexual um ser humano se entrega a outro ser humano e, por isso mesmo, não deve haver qualquer desconsideração, entre si.

Quando as obrigações mútuas não são respeitadas no

ajuste, a comunhão sexual injuriada ou perfidamente interrompida costuma gerar dolorosas repercussões na consciência, estabelecendo problemas cármicos de solução, por vezes, muito difícil, porquanto ninguém fere alguém sem ferir a si mesmo.

Indiscutivelmente, nos Planos Superiores, o liame entre dois seres é espontâneo, composto em vínculos de afinidade inelutável. Na Terra do futuro, as ligações afetivas obedecerão a idêntico princípio e, por antecipação, milhares de criaturas já desfrutam no próprio estágio da encarnação dessas uniões ideais, em que se jungem psiquicamente uma à outra, sem necessidade da permuta sexual, mais profundamente considerada, a fim de se apoiarem mutuamente, na formação de obras preciosas, na esfera do espírito.

Acontece, no entanto, que milhões de almas, detidas na evolução primária, jazem no Planeta, arraigadas a débitos escabrosos, perante a lei de causa e efeito e, inclinadas que ainda são ao desequilíbrio e ao abuso, exigem severos estatutos dos homens para a regulação das trocas sexuais que lhes dizem respeito, de modo a que não se façam salteadores impunes na construção do mundo moral.

Os débitos contraídos por legiões de companheiros da

Humanidade, portadores de entendimento verte para os temas do amor, determinam a existência de milhões de uniões supostamente infelizes, nas quais a reparação de faltas passadas confere a numerosos ajustes sexuais, sejam eles ou não acobertados pelo beneplácito das leis humanas, o aspecto de ligações francamente expiatórias, com base no sofrimento purificador. De qualquer modo, é forçoso reconhecer que não existem no mundo conjugações afetivas, sejam elas quais forem, sem raízes nos princípios cármicos, nos quais as nossas responsabilidades são esposadas em comum.

Francisco Cândido Xavier. Livro: *Vida e Sexo - Pelo Espírito* **Emmanuel.** *FEB. Capítulo 7.*

CAPÍTULO 14

O necessário e o supérfluo

Servir a Deus e a Mamon: "Nenhum servo pode servir a dois senhores, porque ou há de aborrecer um e amar ao outro, ou há de entregar-se a um e não fazer caso do outro; vós não podeis servir a Deus e às riquezas" (Lucas, XVI: 13).

Mamon é o símbolo da riqueza e Jesus, nesse caso, faz uma alusão ao processo do apego à matéria, à posse e não necessariamente uma crítica aos que buscam maior conforto material, naturalmente dentro do seu esforço de trabalho equilibrado e honesto.

Infelizmente governos existem ainda hoje, cujos membros vivem de forma nababesca, mantendo coletividades inteiras em plena ignorância, sem oferecer-lhes o mínimo no terreno da educação, segurança, saúde, entre outros, e que vendem a riqueza daqueles que a conquistaram seriamente e com o esforço do seu trabalho, como produto de características desonestas e mesmo motivo de injustiças, quando são eles mesmos, aqueles que se mantêm no poder, os verdadeiros vilões da vida de milhões de criaturas.

Pergunta-se: o dinheiro é bom ou mau? Sabemos que o dinheiro e qualquer outra possibilidade que ele possa nos oferecer, está exatamente relacionado com o uso que se faz, e não necessariamente com ele em si.

Jesus enfrentava exatamente, em maior proporção em sua época, situações de injustiça de forma mais acentuada, sob todos os aspectos. Ainda assim, Ele não se furtou ao ensino e educação necessários ao ser humano, que se encontra sob sua responsabilidade, por ser ele o governador planetário, o Cristo de Deus.

Na relação com os bens conquistados, Jesus nos ensinou em mais de uma oportunidade, utilizá-los com sabedoria. Zaqueu é exemplo disso, quando o Mestre pernoita em sua casa, e louva a postura de equilíbrio e justiça no gerenciamento da riqueza, daquele que também se tornaria um trabalhador da causa do Evangelho.

Vemos a questão do apego na passagem belíssima do jovem que vai ao encontro de Jesus com suas indagações sobre a questão dos valores pessoais:

"E eis que, chegando-se a Ele um mancebo, Lhe disse: Bom Mestre, que obras boas devo eu fazer, para alcançar a vida eterna? Jesus lhe respondeu: Por que me chamas bom? Bom só Deus o é. Porém, se tu queres entrar na vida, guarda os mandamentos. Ele lhe perguntou: Quais? E Jesus lhe disse: Não cometerás homicídio; não adulterarás; não cometerás furto; não dirás falso testemunho; honra a teu pai e a tua mãe, e ama o teu próximo como a ti mesmo.

O mancebo lhe disse: Eu tenho guardado tudo isso desde a minha mocidade; que é que me falta ainda? Jesus lhe respondeu: Quer ser perfeito, vai, vende o que tens, e dá-o aos pobres, e terás um tesouro no céu; depois vem e segue-me. O mancebo, porém, como ouviu esta palavra, retirou-se triste; porque tinha muitos bens. E Jesus disse aos seus discípulos: Em verdade vos digo que um rico dificultosamente entrará no Reino dos Céus. Ainda vos digo mais: que mais fácil é passar um camelo pelo fundo de uma agulha, do que entrar um rico no Reino dos Céus". (Mateus, XIX: 16-24 – Lucas, XVII: 18-25 – Marcos, X: 17-25).

O que Jesus estava querendo dizer com isso? Novamente tocava ele não no desprezo das conquistas, mas pelo seu desapego.

Analisamos em outra passagem do iluminado Rabi da Galileia, ensinamento objetivo na questão da escravização do ser aos aspectos materiais que se encontra em Lucas, XII: 13-21:

"Guardai-vos e acautelai-vos de toda avareza, porque a vida de cada um não consiste na abundância das coisas que possui. Sobre o que lhes propôs esta parábola, dizendo: O campo de um homem rico tinha dado abundantes frutos, e ele revolvia dentro de si estes pensamentos, dizendo: Que farei que não tenho onde recolher os meus frutos? Farei isto, disse ele: derrubarei os meus celeiros e os farei maiores; e neles recolherei todas as minhas novidades, e os meus bens. E direi à minha alma: Alma minha, tu tens muitos bens em depósito para largos anos: descansa, come, bebe, regala-te. Mas Deus disse a este homem: Néscio, esta noite te virão demandar a tua alma, e as coisas que tu ajuntaste para quem serão? Assim é o que entesoura para si, e não é rico para Deus".

O uso dos bens da terra é uma necessidade para a sobrevivência da espécie humana, Deus provê os meios para nossa existência. A riqueza e a fartura também representam uma prova para que o Espírito possa aprender a resistir à tentação da posse egoísta que não divide e por não dividir não multiplica as oportunidades de maneira justa e fraterna para todos.

O trabalho produz riquezas e influencia positivamente na evolução material do planeta. Traz progresso, conforto, estímulo para o crescimento pessoal e coletivo, atendendo necessidades básicas, sendo dessa maneira ponto positivo para a melhoria do próprio Espírito, que aprende no seu esforço diário, as questões relevantes para o despertar de suas potencialidades no amor. O trabalho é abençoado por Deus que nos oferece o tempo todo oportunidades de crescimento, aonde estivermos, possibilitando assim sermos cada vez mais úteis e melhores.

Frente às nossas posses, precisamos desenvolver a razão para nos preservarmos dos excessos. Sendo os recursos do planeta uma criação Divina, como irmãos, somos todos herdeiros do Pai. A divisão justa e fraterna desta herança poderá promover a erradicação da fome, da ignorância, da miséria em nosso planeta. A distinção do limite entre o supérfluo e o necessário é fundamental para uma justa administração dos bens materiais.

A própria natureza nos mostra limites em nosso corpo físico, quando abusamos da alimentação, ingerindo mais do que o necessário, nosso corpo reage, nos avisando dos excessos cometidos. Mas infelizmente, por nosso egoísmo e viciações criamos para nós necessidades artificiais, o que é supérfluo para uns, pode não ser para outros, e o ponto mais importante é que Deus fez as pessoas para serem amadas e as coisas para serem usadas; mas por que amamos as coisas e usamos as pessoas? Sem dúvida uma pergunta intrigante, feita por Bob Marley, cantor jamaicano, que viveu no período de 1945 a 1981.

Ouvimos muitas vezes críticas aos que conquistam fama e fortuna, por total falta de caridade para com as responsabilidades que essas pessoas possuem sob suas cabeças. É Emmanuel que ensina na obra de sua autoria intitulada *Pão Nosso*, pela psicografia de Francisco Cândido Xavier, *"que devemos orar para aqueles que têm a coroa esfogueante do poder sob suas cabeças"*.

O desequilíbrio não está nas coisas materiais que simplesmente servem as pessoas. O desequilíbrio está no uso que as pessoas fazem de seus bens.

Não se trata aqui da competência do fazer e do conquistar, mas sim de como trabalhamos essas mesmas conquistas em nós. Quais são os nossos valores? Em quê nos apegamos?

Lembremos Jesus, com mais um de seus ensinamentos sublimes que encontramos em Mateus 6:21: *"Pois onde estiver o seu tesouro, aí também estará o seu coração".*

CAPÍTULO 15

A violência do mundo

Será que o mundo está mais violento hoje do que há alguns anos? Esta é uma questão a ser analisada com mais vagar e critério.

Dizer pura e simplesmente que o mundo é mais violento atualmente, pode não representar a realidade dos fatos. Hoje com o avanço tecnológico, os meios de comunicação têm um notável alcance, seja a internet, televisão, rádio, revistas, etc. Estes canais prestam um grande serviço à humanidade. Entretanto, a rapidez e volume das informações recebidas podem nos levar a crer que a violência tem uma expressão maior do que a realidade.

O Codificador, Allan Kardec, com maestria usa um exemplo para demonstrar que nosso senso de observação deve ser mais abrangente e apurado. Diz ele que quando visitamos uma cidade, necessitamos conhecê-la por inteiro, porque se nos circunscrevermos a visitar apenas sua periferia, definiremos a cidade toda levando em conta apenas esta pequena parte e não o todo.

Logo, a questão da violência no mundo pode e deve ser avaliada sob esse prisma. Não podemos observar apenas determinadas regiões ou localidades, devemos analisar percentuais globais, estatísticas que não deixam margem para dúvidas.

Qual o tamanho da população mundial? Temos hoje, aproximadamente sete bilhões de habitantes e, desse total, a maior parte trabalha ou estuda. Logo, não encontraremos a maioria da sociedade desocupada, nem tão pouco com ímpetos violentos, destruindo ou prejudicando pessoas e propriedades.

Existe uma distorção gigantesca de informação em que pequenos grupos que se tornam notícia são tidos como maioria. Isto não demonstra a realidade, pois hoje encontramos um mundo melhor e mais civilizado.

O que ocorre de fato é que a exceção à regra ganha destaque, e infelizmente isto chama mais a atenção, dando ibope, audiência, com grande índice de aceitação da sociedade, seja por curiosidade, medo, ignorância ou satisfação. Não faz muito que a nossa diversão era assistir aos espetáculos de horror, de homens matando seus semelhantes ou sendo devorados vivos por feras famintas.

A humanidade progrediu, se modificou, desenvolveu leis que regulamentam a sociedade, com o objetivo de tornar a justiça acessível para todos.

Há poucos anos o chefe da família era o senhor absoluto em seu lar, dispondo de esposa e filhos como se fossem propriedades, objetos, gerados para servi-lo; sua vontade era soberana, podia decidir o destino de todos.

Na grande maioria das sociedades contemporâneas, tal comportamento é inaceitável, embora encontremos ainda pequenas coletividades que continuam mantendo grande incongruência. Verdadeiro mecanismo feudal, sem direitos, mas com deveres e obrigações e o líder do clã familiar, ou o governo, atuam de acordo com interesses pessoais, e não coletivo, como seria o correto em uma democracia, em que a vontade da maioria prevalece, e as leis dão a todos os mesmos direitos.

Muitos acreditam que o mundo retrocedeu que hoje somos mais bárbaros e cruéis.

Não reconhecer a evolução é fazer pouco de Deus e de Sua Sabedoria. Alguns grupos acreditam que todos evoluímos ao mesmo tempo, como verdadeiros autômatos, máquinas criadas em série.

Ora, sabemos que isso é simplesmente impossível porque não somos iguais, somos semelhantes. Como bem o sabemos, semelhança não é igualdade. Não existem no planeta duas digitais idênticas. Se algo tão material se diferencia o que não dizer da individualidade espiritual? Logo, mesmo que encontremos gêmeos univitelinos, teremos duas personalidades distintas.

Em nosso planeta existem povos mais evoluídos e os mais primitivos, conforme podemos observar. Isto é simples de entender, uma vez que as criaturas se agrupam por interesses, afinidades, demonstrando claramente a lei do magnetismo.

A violência não está no mundo, mas sim no ser humano, e a forma mais eficiente de eliminá-la, é educando o homem para que ele se pacifique e, em consequência, o planeta.

Outra questão interessante para estudarmos, é a nossa postura diante da violência do mundo. Como reagimos diante dela?

Para as nossas reflexões, incluímos no capítulo, uma análise dos doutores Jaider Rodrigues e Roberto Lúcio Vieira de Souza e também, mensagem de Emmanuel, pela psicografia de Francisco Cândido Xavier.

A violência na visão espírita

Não há na doutrina do Espiritismo uma doutrina criminológica que possa explicar a origem da violência. É verdade, todavia, que suas teses cardeais incidem fundamentalmente, inevitavelmente, sobre algumas teses da Criminologia e da Psicologia Social. Uma delas, por exemplo, é a do criminoso nato. A filosofia espírita afirma que a predisposição criminal, ou a disposição para o ato violento, vem do espírito e não das glândulas, ou de condição instintiva da criatura, o que revelaria uma condição de imperfeição do Criador.

O que a ciência vê como uma deformação de ordem puramente constitucional ou como instinto primordial do homem, ou, ainda mesmo, como aprendizado ou herança eminentemente cultural, a ciência espírita compreende por outro prisma. O Espiritismo leva em consideração, sobretudo, os "antecedentes espirituais", isto é, o conjunto de disposições e tendências do espírito, e não, propriamente, as anomalias e deficiências da constituição somática ou da estrutura psíquica ou social do indivíduo.

O Espiritismo não deixa de conhecer as ações advindas das glândulas ou das pressões sociais e instintivas da criatura. Entretanto, o que ele defende é que nenhum desses fatores têm predominância absoluta porque a maior ou menor propensão para a violência depende, principalmente, do grau de atraso ou adiantamento do espírito.

O germe da criminalidade ou da violência tem relação com o estado moral do espírito. As anomalias corporais são instrumentos adequados aos espíritos em determinados tipos de reencarnação, ou seja, há uma evidente correspondência entre a constituição somática e as provas pelas quais a criatura deverá passar.

O Espiritismo, entretanto, não leva suas conclusões ao determinismo absoluto. Em primeiro lugar, porque toda a sua estrutura filosófica e moral parte da premissa da responsabilidade do indivíduo pelos seus próprios atos e, depois, porque a subordinação do indivíduo às influenciações do organismo e das condições sociais estão na dependência da evolução moral do próprio indivíduo.

A visão espírita do que seja o livre-arbítrio e o determinismo é de fundamental importância para o que pretendemos explicar. Para o Espiritismo, eles são conceitos complementares porque coexistem em relação ao grau de adiantamento ou não do espírito. Só existe livre-arbítrio quando também está presente a responsabilidade.

A Doutrina Espírita admite o determinismo, mas é importante lembrar que em sua abordagem encontraríamos um determinismo "divino", que é a aquisição do estado de felicidade (uma fatalidade que foi "imposta" a todos nós); e um determinismo "relativo", em que o espírito recebe suas sanções morais sobre a base de prova de expiações por meio das reencarnações sucessivas.

O Espiritismo, no entanto, possui como um dos seus alicerces doutrinários, o livre-arbítrio. É quando podemos ver, na prática, criaturas que conseguem, na razão de seu desenvolvimento espiritual, vencer suas próprias inibições físicas e resistir às pressões do meio onde vivem, sem fugir das experiências do mundo e sem apelar para qualquer meio de fuga.

Sendo assim, a Doutrina Espírita entende o violento como um doente espiritual e não como produto do meio social ou resultado de uma degenerescência hereditária e, menos ainda, como um ser criado com instinto destruidor, do qual ele não pode fugir. Se o indivíduo fosse fruto de seu meio, toda a sociedade bem organizada teria como produto homens de bem. Do mesmo modo, se admitíssemos a tese da hereditariedade, o grau de criminosos numa família oriunda de pais criminosos teria que ser mais elevada do que vemos normalmente.

A tese que atribui ao homem um instinto de destrutividade (em que fatalmente o homem iria se destruir) está em desacordo com a visão espírita de Deus. A presença desse instinto, assim compreendido, não é compatível com a percepção de um Pai de bondade e amor.

Joanna de Angêlis lembra que a agressividade "reponta desde os primeiros dias de vida infantil e deve ser disciplinada pela educação, na sua nobre finalidade de corrigir e criar hábitos salutares. A mais importante terapêutica é a prevenção. Ela exige que todos os adultos busquem o exercício do amor sob a inspiração da doutrina de Jesus, entendam que precisamos nos moralizar para que possamos realmente educar as novas gerações e oferecer-lhes um ambiente mais sadio e humano.

Richard Simonetti lembra que "quando a contenção da violência deixar de ser um problema policial e se transformar em questão de disciplina do próprio indivíduo; quando a paz for produto não da imposição das leis humanas, mas da observação coletiva das leis divinas, então viveremos num mundo melhor".

Na realidade, o que observamos nos dias atuais é a leviandade de muitos mestres e educadores imaturos, sem habilitação moral para a educação de novos indivíduos que aportam na crosta terrestre, facilitando a disseminação da violência e da crença de que esta forma de agir é capaz de resolver os problemas da humanidade.

O homem renovado espiritualmente deverá investir contra a chaga da violência por meio de sua ação reestruturante da sociedade. Ele deve buscar suprimir a injustiça social, lutando contra todas as situações que fomentam a miséria econômica e instigam o ambiente pernicioso que ora vige, combatendo, acima de tudo, o orgulho, o egoísmo e a indiferença presente no coração de cada um. Nessa visão, o homem entenderá que ninguém pode se omitir sabendo que todo tributo de amor, como a paciência e todo o fruto de luz, como o saber, são valiosos tesouros para o futuro na aquisição da paz tão almejada.

Mestre Jesus diz "Bem-aventurados os mansos porque eles herdarão a Terra", numa alusão clara de que só aqueles que vencerem seus impulsos violentos, fazendo-se construtores da paz, terão a oportunidade de habitar a Terra em seu período de regeneração. Trecho do trabalho de **Jaider Rodrigues** e **Roberto Lúcio Vieira** de Souza intitulado *Visão Psicológica da Violência* publicado no Boletim Médico-Espírita número 10.

A violência

A violência, é sempre o mal em ação, ainda mesmo quando pareça construir um atalho para o bem.

Enquanto o Sol, sem palavras, consegue inspirar confiança ao viajor, o vento ruidoso e forte, provoca medo e reação por onde passa.

A propósito de auxiliar não violentes a ninguém.

Usa a energia bondosa, com quem sabe que o buril há de ser firme para subtrair a estátua primorosa ao mármore selvagem, mas abstém-te da brutalidade que, à força de desferir golpes indiscriminados, converte a pedra valiosa em estilhaços inúteis.

Não exigirás que a plantinha frágil de hoje te enriqueça aos celeiros num milagre de produção, que só o pomar madurecido consegue realizar.

Não pedirás ao botão entreaberto o prodígio da rosa que só amanhã desabrochará plena de cor e perfume.

O tempo é condição inalienável para todas as realizações.

Aprende a respeitar o próximo na insipiência da cultura ou do aperfeiçoamento, nos defeitos ou nas falhas com que ainda se te apresenta aos olhos, se desejas realmente cooperar na extensão do bem.

Se sabes ver a imperfeição dos outros, se alcançaste um degrau à frente do companheiro, se contas com mais amplas oportunidades de fazer, estudar, compreender e prosperar, não olvides que a superioridade significa dever de servir e estende mãos fraternas aos que te seguem na retaguarda.

Não acuses, não reclames, não dilacere.

Se já sabes entender, ama e auxilia sempre.

Recorda que Jesus jamais nos violentou nos dias de nossa ignorância maior e, esquecendo o fel da reprovação, usa a paciência e a bondade, as duas chaves do amor que nos descerrarão nova luz nos horizontes da Vida Imperecível.

Emmanuel - Livro: *Assim Vencerás*, **psicografia de Francisco Cândido Xavier**

CAPÍTULO 16

Solitário ou solidário?

Se a solidão fosse intrínseca ao ser humano, a vida em sociedade perderia seu sentido. Organizar-se em grupos desde a era primitiva foi mostra incontestável da sabedoria Divina, ficando patente no macro o que iniciamos no micro.

Clarificando um pouco mais, podemos constatar que a união é uma constante no Universo. Tomando como exemplo o nosso sistema solar, temos a individualização dos planetas, constituindo inicialmente uma primeira sociedade com demonstrações claras do que convencionamos chamar de família. Observamos analogamente nos planetas e seus satélites naturais, para depois, fazerem parte do conjunto como um todo, na sociedade maior, constituindo um sistema e, finalmente, serem partícipes da reunião cósmica que convencionamos chamar de Universo cuja convergência é para Deus.

Iniciamos a nossa escalada evolutiva fazendo parte de um todo, como princípio inteligente. Por meio de inúmeros estágios alcançamos nossa individualidade e poderemos regressar ao seio do Senhor, não alterando a conquista da individualidade, porém, sendo um com Ele, como o próprio Jesus nos ensinou, quando se referiu a si próprio.

Naturalmente que os aspectos rudimentares da evolução ainda falam alto em nós porque recém-saídos do estágio no reino animal, agimos em variados momentos dirigidos inconscientemente por comandos instintivos , gravados em nosso sistema cerebral reptiliano cuja defesa de territoriedade é patente, refletindo ainda no cérebro límbico, responsável pelas emoções, demonstrando com clareza que trazemos sentimentos primitivos e imaturos de posse, de egocêntrismo, em muitas oportunidades de desagregação, quando buscamos o domínio do outro.

Entretanto, a evolução caminha a passos largos, sem saltos é verdade, mas uma vez adentrado no reino hominal, as conquistas se fazem rápidas e constantes. O ser pensa, elabora, raciocina, descobre, cresce e influencia o crescimento da sociedade.

A vida em sociedade traz o benefício da troca constante para nosso crescimento. É por meio do relacionar-se que nos desenvolvemos e servimos de alavanca para o desenvolvimento do outro, trocando experiências, auxiliando os mais necessitados, aprendendo e ensinando.

Temos gravadas em nossa consciência íntima a Lei de Amor que rege o Universo. Possuímos em nossa constituição espiritual faculdades divinas que nos impulsionam sempre a buscar a felicidade, que encontraremos na expansão de nossa capacidade de amar a Deus, a nós mesmos e ao nosso próximo. Torna-se imperioso em nós atender aos apelos desta faculdade, mesmo que de forma inconsciente. É como um organismo que necessitando de proteína, tenta suprir esta carência ativando a vontade da ingestão de determinados alimentos que a possue em abundância, independente de estarmos conscientes ou não desta necessidade orgânica. É o animal que tem fome e precisa do alimento.

Este exemplo dá exatamente a dimensão da criatura perante a divindade. O ser tem fome de amor e essa carência básica está intimamente ligada ao relacionar-se inicialmente com o clã familiar, que é a primeira sociedade que nos recebe para depois ampliar esse conceito na organização maior, até o dia que a união dá-se por completo em Deus.

Desde nosso nascimento experenciamos a necessidade

do outro. Não chegamos a este mundo sem a união de dois seres. Ao nascermos demandamos cuidados, sozinhos não sobrevivemos. É na espécie humana que encontramos os filhotes mais dependentes. Aos poucos, e instintivamente, descobrimos que ao chorar conseguimos ser atendidos em nossas necessidades naturais como comer, e sermos cuidados, embalados, etc. A solidariedade e o afeto vão ocupando espaço em nossas vidas, ampliando nossos círculos de relacionamentos e amizades.

Vamos descobrindo dessa maneira que ser solidário é estar em uma relação de auxílio mútuo, dividindo responsabilidades e experiências para crescimento individual que se reflete no coletivo.

Na fase primitiva, agindo instintivamente, nos reuníamos em grupos, aumentando nossas chances de sobrevivência. Com a divisão de responsabilidades nas atividades para manutenção de todos, como a caça, o clã tornou-se mais eficiente e objetivo. Na caverna, essa realidade também surge na parceira que cuida dos filhos e de outros afazeres na ausência do companheiro.

O tempo passa célere e chegamos até as nossas conquistas atuais. Hoje não nos reunimos apenas para atender nossa ânsia de sobrevivência, sentimos também a necessidade do afeto, da amizade, do prazer e alegria na companhia do outro. Nunca fomos tão solidários em relação ao nosso semelhante e também com o planeta, quanto nos dias atuais.

Evidente que a evolução não é regra imposta, mas conquista do ser, e esta não acontece no mesmo momento para todos. Em nossos dias encontramos parte da população em exercício sério de relação respeitosa com o seu próximo, tendo o conceito de fraternidade ampliado para todos os reinos da natureza. Entretanto, existe uma parcela que ainda dormita nos princípios rudimentares do eu.

Todavia, se a evolução não é imposição, ela faz parte integrante da criatura, que um dia despertada, iniciará o trabalho de colocar diante de sua própria realidade, o viver em sociedade. No futuro vivenciaremos o ensinamento do Cristo: "Portanto, tudo o que vós quereis que os homens vos façam, fazei-lho também vós, porque esta é a lei e os profetas". Mateus 7:12

Solidariedade

Sem o devido culto à solidariedade na vida, indiscutivelmente, nossos passos, por mais firmes, não surpreende-

riam à frente senão desequilíbrio e perturbação, desentendimento e morte.

Afere-se o valor da criatura em função da sociedade em que vive.

Imaginemos o senhor da mais alta fortuna terrena, relegado a plano deserto.

O dono da melhor inteligência sem ouvidos que o ouçam...

O pastor sem rebanho...

O palácio imponente sem viv'alma que o povoe...

O navio mais suntuoso navegando sem ninguém...

Não adiantam a excelência e o poder, a riqueza e o destaque sem proveito.

A solidariedade reside nas bases mais simples da vida, para que a vida se estenda em cânticos de alegria e glorificação.

A fonte alimenta o arvoredo e o arvoredo protege a fonte, oferecendo-nos, com isso, a bênção do fruto.

As pedras resguardam o cimento que as reúne e o cimento equilibra as pedras que o consolidam, doando-nos o refúgio do lar.

Tudo é independência e sustentação recíproca nos mínimos recantos da natureza, para que o homem desfrute o aprendizado da existência no corpo — breve estágio de *luta — para a sublime ascensão à Imortalidade Vitoriosa.*

Atendamos aos impositivos da fraternidade e compreendamos que a Lei Divina, em tempo algum, nos deseja confinados ao insulamento que, no fundo, é sempre egoísmo, ainda mesmo quando nos retiremos do combate humano, a pretexto de conservar a virtude e garantir a fé.

A própria família consanguínea a que todos nós nos enquadramos, quando no mundo carnal, é uma ordem de assistência mútua.

Ninguém surge na Terra, sem o carinho do berço e o berço é sempre a ternura de mãe, a desfazer-se em talentos de paz e luz. Honremos ao Senhor que nos honra com as oportunidades atuais de realização e serviço e amparando-nos, uns aos outros, de acordo com as nossas deficiências, abreviaremos nosso caminho de acesso à Felicidade Maior.

Emmanuel
Livro: Sentinelas da Luz, **de Francisco Cândido Xavier –**
Espíritos Diversos

CAPÍTULO 17

O sucesso

Tem-se por vezes o entendimento do progresso como se ele ficasse restrito apenas à condição do poder, do sucesso financeiro, do reconhecimento da sociedade ou outros aspectos de destaque.

É muito natural que a criatura reencarnada tenha aspirações dentro destas realidades materiais que não podemos de fato negar. O Espírito possui o instinto de conservação que o leva a buscar o progresso, sendo natural que do seu íntimo uma força poderosíssima o empurre para frente, para as conquistas de patamares superiores, que em um primeiro momento poderão ser materiais.

De fato, é inato o desejo de vivermos mais e melhor em todos os sentidos, visando nosso bem-estar e também o da sociedade que evolui com o esforço de cada um, na busca das possibilidades de consumo, girando a economia, criando mais empregos e oportunidades. O perigo está no excesso, no consumismo.

A conquista no terreno das posses materiais, não é tudo. Somos Espíritos, seres cósmicos, voltados para um crescimento integral e não conquistaremos estes resultados de verdadeira ascensão com valores e objetivos materialistas.

Foi Jesus que nos ensinou que os valores reais deveriam ser acumulados nos céus, referindo-se ao nosso interior, onde as conquistas verdadeiras são concentradas. Porém, em momento algum, estimulou a busca por uma vida sem interesses no que tange ao progresso. Ele incentivou que usássemos nossas oportunidades como verdadeiros mecanismos para o crescimento e enriquecimento real.

Aquele que estuda, trabalha e se esforça, não está apenas buscando "ganhar a vida", como se diz no jargão popular, mas sim, inteligentemente exercitando virtudes, como disciplina, paciência e a caridade quando tenta melhorar a sua vida e também a do semelhante.

O empresário é o missionário do emprego, todavia o que faz com seus recursos financeiros e os de natureza divina, ou seja, suas qualidades espirituais, seus talentos, são de sua inteira responsabilidade.

Não se trata de negligenciar riquezas e oportunidades.

A questão é usá-las bem, até porque, somos meros usufrutuários dos recursos divinos, a começar pelo próprio corpo físico que nos serve como instrumento.

O esforço e empenho aplicados trarão resultados efetivos no terreno material, mas principalmente nas conquistas espirituais, e para isto, temos o Evangelho do Cristo como roteiro seguro.

Procuremos aplicar o amor naquilo que realizamos, com o respeito adequado para com o semelhante. Dessa forma, certamente, teremos sucesso em nossa caminhada. Se estivermos posicionados na administração do lar ou também em atividades fora dele, entendamos que ser bem-sucedido, não passa só pelo caminho de amealhar a riqueza material, mas sim e principalmente, amealharmos riquezas com as bênçãos da gentileza e da educação.

Diante dos quadros que a vida vier a nos apresentar, sem qualquer conformismo de nossa parte, mas com a serenidade daquele que procura fazer o melhor, lembremos que só *estamos* posicionados nesta ou naquela função, com mais ou menos sucesso, mas a realidade que importa verdadeiramente é nossa aquisição espiritual.

Abençoemos as chances que a vida oferece pelo esforço que estamos fazendo. Que diante do sucesso lembremos que nossa melhor recompensa é a consciência tranquila de termos feito o melhor em todos os momentos. Se a riqueza e o reconhecimento público nos visitar, lembremo-nos: tudo pertence ao Criador e, devemos render graças pela confiança que Ele teve em depositar essas bênçãos em nossas mãos. Peçamos também a Ele que nos auxilie em administrá-las com sabedoria.

Emmanuel, como sempre, vem elucidar nossas dúvidas com a maestria que lhe é peculiar em suas mensagens.

A marcha

"Importa, porém, caminhar hoje, amanhã e no dia seguinte". – Jesus. (Lucas, 13:33)

Importa seguir sempre, em busca da edificação espiritual definitiva. Indispensável caminhar, vencendo obstáculos e sombras, transformando todas as dores e dificuldades em degraus de ascensão.

Traçando o seu programa, referia-se Jesus à marcha na direção de Jerusalém, onde o esperava a derradeira glorificação pelo martírio.

Podemos aplicar, entretanto, o ensinamento às nossas

experiências incessantes no roteiro da Jerusalém de nossos testemunhos redentores.

É imprescindível, todavia, esclarecer a característica dessa jornada para a aquisição dos bens eternos.

Acreditam muitos que caminhar é invadir as situações de evidência no mundo, conquistando posições de destaque transitório ou trazendo as mais vastas expressões financeiras ao círculo pessoal.

Entretanto, não é isso.

Nesse particular, os chamados "homens de rotina" talvez detenham maiores probabilidades a seu favor.

A personalidade dominante, em situações efêmeras, tem a marcha inçada de perigos, de responsabilidades complexas, de ameaças atrozes. A sensação de altura aumenta a sensação de queda.

É preciso caminhar sempre, mas a jornada compete ao Espírito eterno, no terreno das conquistas interiores.

Muitas vezes, certas criaturas que se presumem nos mais altos pontos da viagem, para a Sabedoria Divina se encontram apenas paralisadas na contemplação de fogos-fátuos.

Que ninguém se engane nas estações de falso repouso.

Importa trabalhar, conhecer-se, iluminar-se e atender

ao Cristo, diariamente. Para fixarmos semelhante lição em nós, temos nascido na Terra, partilhando-lhe as lutas, gastando-lhe os corpos e nela tornaremos a renascer.

Livro: Pão Nosso – **Espírito Emmanuel** – Psicografia de **Francisco Cândido Xavier** – 15ªedição – FEB – RJ/RJ - Brasil

CAPÍTULO 18

Perante Deus somos todos iguais

O Senhor nos criou a todos simples e ignorantes, esta é a melhor definição que podemos ter de nossa igualdade perante Deus, conforme esclarecido na resposta da questão 115 de *"O Livro dos Espíritos"*.

O instante da Criação, não sabemos como ou quando se dá. O princípio inteligente individualizado, já se encontrando no reino hominal, começa sua jornada evolutiva, diferenciando-se conforme seu livre arbítrio frente às paixões, sentimentos, criatividade e, todas as demais possibilidades que lhe são inerentes, dentro da genética herdada da própria divindade.

Vejamos melhor o conceito que os Espíritos nos trouxeram em relação ao nosso início de caminhada evolutiva:

Simples na forma: a matéria, do perispírito e do corpo físico; conforme evoluem passam do tipo mais simples, para os mais complexos.

Ignorante no conteúdo: o Espírito conforme evolui, primeiro como princípio espiritual e depois de individualizado como espírito, se aprimora passando da ignorância à sabedoria, tanto em termos de conhecimentos como de sentimentos.

Entretanto, pode-se, sem errar, também interpretarmos que a frase "simples e ignorante" seja aplicado ao Espírito, quando no início da fase hominal (forma e conteúdo, conforme acima explicado), quando então, com a conquista da razão, da fala e de outros valores evolutivos, típicos desta fase, ele passa a trabalhar aqueles adjetivos que o qualificam, processando sua evolução de simples para complexo, de quem ignora para a sapiência.

Fomos criados com as mesmas chances e oportunidades, ofertadas por um Pai que nos ama e acompanha, nos amparando e auxiliando, somos Seus filhos e para Ele somos todos iguais, não há privilégios ou castigos, apenas colheita da semeadura. O cenário que vemos hoje em nosso planeta é o de seres vivenciando estágios evolutivos diferenciados, pois não fomos criados ao mesmo tempo, não fizemos as mesmas escolhas durante nossas reencarnações. Cada um de nós enveredou pelo caminho que optou o que nos tornou o que somos hoje.

Podemos considerar que somos iguais quando analisamos que tivemos o mesmo início e chegaremos ao mesmo destino, à perfeição relativa e felicidade. Mas *estamos* diferentes, quando observamos nossa condição evolutiva atual onde cada um encontra-se em um patamar distinto.

As diferenciações ocorrem à medida que saímos do primitivismo em que buscávamos mais sobreviver do que realmente viver. Portávamo-nos como o animal que age por instinto porque no seu rudimentarismo, o que importa é manter-se vivo, valendo-se da lei do mais forte.

Posteriormente e considerando os efeitos da evolução que modifica e transforma, saímos de uma pseudo igualdade para nos encontrarmos como verdadeiros universos, com experiências e conhecimentos que se diferenciam pela própria vivência.

Passamos da igualdade no início da evolução para nos tornarmos semelhantes, tendo a igualdade na condição de filhos de Deus. Ele ama a todos, sem qualquer diferenciação, somos verdadeiros irmãos dentro da paternidade Divina.

Gradativamente, vamos aprendendo em sociedade a conviver com o próximo, buscando respeitar-lhe as diferenças de opinião, sabedores que não podemos alterar o íntimo do outro, só servir-lhe de exemplo que poderá, de acordo com o seu interesse, ser-lhe útil ou não.

O próximo apresenta-se dentro de suas características próprias porque apesar de sermos irmãos em Deus, somos diferenciados na individualidade, personalidade, caráter, vibração. O homem, por não aceitar o outro com as diferenças que lhe são características impôs, em muitos momentos de nossa evolução e ainda hoje, impõe sua "visão" e maneira de ser e viver, tal como acredita. Faz isto valendo-se do poder, sem hesitar em suprimir a liberdade e direitos alheios, através da coação pelo uso de armamentos, violência, domínio psicológico ou por meio de veículos midiáticos à sua disposição.

No auge da loucura ditatorial, ele impõe aos seus semelhantes, metodologia de dependência, dificultando ou impossibilitando o processo da educação. Quando faz isso, domina a maioria pela ignorância e desconhecimento de seus direitos.

Todavia, a vida não se detém, nem tampouco o progresso. Na história da humanidade encontramos várias sociedades que despertaram em determinados momentos; e a população inconformada quanto à sua condição, exigiu espaço para a liberdade e seus direitos, para as possibilidades de crescimento, bem-estar e saúde. Desta maneira, libertou-se do jugo opressor, buscando o favorecimento coletivo, o que ocorre em muitas ocasiões de forma inconsciente, apesar de trazer gravado no seu íntimo a condição da irmandade.

Aos poucos, aprendemos a tolerar, pois percebemos que não somos perfeitos. Começamos a exercitar a sabedoria quando entendemos que também falta entendimento ao nosso próximo. Sendo assim, necessitando viver em sociedade, começamos a pensar de uma nova maneira.

Não mais a atitude de superioridade e arrogância, mas a assimilação e aplicação dos ensinos verdadeiros de Jesus que nos direcionam para viver bem conosco e com nossos irmãos.

"Ama ao próximo como a si mesmo", ensinou-nos o Mestre. Amando não exerceremos apenas a tolerância, mas também o respeito, com Deus e também com nosso semelhante.

O valor da igualdade

Frequentemente os espíritos orientadores nos lembram sobre a nossa condição de sermos iguais perante Deus. Ao ouvirmos nestas mensagens ou por outros meios esse esclarecimento até podemos de imediato concordar. Afinal, é uma afirmação com fundamento lógico. Mas será que após a concordância imediata refletimos a respeito? O que significa mais praticamente o fato de sermos iguais entre nós? O que significa sermos iguais perante Deus? Afinal, quando olhamos em volta o que vemos é a diversidade, a partir da singularidade de cada um.

Quem sabe pudéssemos começar refletindo sobre o que nos faz iguais perante Deus... Mas antes podemos adotar o referencial que Deus se expressa nas leis naturais que organizam tudo, inclusive a nossa própria existência. Em outras palavras, vivemos sempre efeitos decorrentes de causas... e o que liga os efeitos às suas causas são leis naturais, algumas conhecidas, como as leis da física, da química... muitas outras ainda não. E qual é a origem das leis naturais? Deus... Causa primária de todas as coisas.

Assim nossa igualdade perante Deus se revela no fato de que sempre estaremos sujeitos da mesma maneira às relações justas estabelecidas pelas leis naturais. Por exemplo: não há como negociar com a "lei da gravidade". Todos nós, independentemente de nossa condição social, física, econômica ou cultural, estamos sujeitos à lei da gravidade da mesma forma.

E faz parte da lista de "leis naturais" às quais estamos da mesma forma sujeitos, outras como: a lei da evolução, a lei do amor. Entrando em detalhes, cada um de nós sempre evoluirá. A cada escolha que fizermos viveremos resultados justos à ela, e assim faremos reflexão e ajuste de comportamento; todos evoluiremos continuamente, sendo esta uma característica intrínseca ao ser, ao existir. E todos amamos e somos amados. E amaremos mais e seremos mais amados. Resultado este natural do processo evolutivo, representado na prática por uma visão mais ampla a nosso próprio respeito e a respeito de outras pessoas. Através da evolução nos capacitamos a amar mais.

Mas podemos ir além nos exemplos da igualdade entre nós. Além de evoluirmos e amarmos... somos livres, fazemos sempre o nosso melhor, temos expectativas, fazemos planos, nem sempre alcançamos de primeira o que desejávamos, sentimos alegria, vivemos a felicidade, sentimos dor. E quando conseguimos alcançar, mesmo que por alguns instantes, a consciência da igualdade entre nós, conseguimos olhar a outra pessoa como desejamos ser olhados. Conseguimos ver que há na outra pessoa um ser igual a nós, que mesmo no erro buscava o que julgava ser melhor. Conseguimos ver um ser que alcançará o que já alcan-

çamos, e que em outros aspectos já alcançou muito mais do que nós conseguimos fazer.

Enxergar-se no outro nos ajuda muito nas avaliações e práticas cotidianas. Nos ajuda a materializar em nossas ações os referenciais éticos que acreditamos; a entregar o que gostaríamos de receber. Na soma de nossas ações compomos a sociedade na qual vivemos, e se julgamos que há o que melhorar (e certamente há), o faremos por mudanças de comportamento. Como tratar de sociedade é tratar de relações humanas, pautá-las nos referenciais éticos é o caminho mais seguro para compor um ambiente melhor para as pessoas. Entretanto essa caminhada demanda renúncia, e ela fica mais fácil quando conseguimos ver o valor da nossa própria vida expressa na outra pessoa, tendo como elemento de ajuda para este alcance a consciência de igualdade.

Texto de **Nelson José Wedderhoff**. Engenheiro eletrônico; professor acadêmico na Faculdade Dr. Leocádio José Correa (FALEC); coordenador de estudos espíritas e conselheiro editorial na revista SER Espírita.

CAPÍTULO 19

É livre quem sabe escolher

Dentro do processo evolutivo, iniciamos nossa jornada há cerca de um bilhão e meio de anos. Como princípio inteligente ou espiritual, utilizamos grande parte deste período para as grandes conquistas no aprendizado da agregação da matéria e da automação fisiológica, até finalmente galgarmos o degrau para a condição de Espírito, ser completo dentro da Criação, potencialmente deuses como ensinado por Jesus.

É nesse momento, quando alcançamos o estágio do Espírito que iniciamos de forma primitiva ainda, o uso do livre arbítrio, e na medida em que evoluímos, ele amplia-se. Os mensageiros de Jesus ensinam que quanto maior o conhecimento, maior a responsabilidade, mostrando-nos a justiça divina atuando mais uma vez com incrível lógica.

Lógica, aliás, que Jesus há mais de 2 mil anos, ensinou:

"*muito será pedido a quem muito foi dado*", demonstrando que somos livres para escolher, e quanto mais conscientes das Leis Divinas, mais responsáveis por nossas atitudes.

Dentro do processo evolutivo nos encontramos em patamar semelhante quanto ao entendimento do que seja certo ou errado.

No estágio atual do planeta, mesmo entre coletividades menos avançadas, está impresso no íntimo do ser, aspectos básicos da justiça, do direito, do dever. Logo, por mais primitiva que a criatura se mostre, em recursos limitados no campo educacional, grande parte do decálogo de Moisés, está inserido por aprendizado reencarnatório anterior, em sua consciência, como por exemplo; o erro em matar, roubar, entre outros. Estamos em um planeta cuja condição é de semelhança entre os Espíritos que aqui habitam e mesmo em tribos isoladas de irmãos indígenas, os conceitos primários do respeito já estão inseridos na comunidade.

Quando dissemos que a responsabilidade recai sobre a condição consciente, muitas pessoas limitam seu campo de observação a somente uma existência. Isto faria de Deus um ser injusto, colocando Suas leis em cheque. Mesmo que para determinados aspectos o Espírito esteja muito distante das Leis de Amor e Justiça, guardará em seu íntimo o registro de seus atos equivocados e no momento adequado, assumirá a responsabilidade que lhe é inerente. Exatamente por isso, que o livre arbítrio tem relação direta com a reencarnação, porque somente com esse recurso é que o ensinamento de Jesus torna-se claro do muito que será pedido...

Pode-se acrescentar ainda as variáveis da semeadura ser livre, porém a colheita obrigatória.

Deus não castiga, mas permite que ao assumirmos as consequências de nossas atitudes possamos aprender o valor e a felicidade de agirmos no bem e pelo bem.

Naturalmente que a abertura consciencial não está somente relacionada ao processo reencarnacionista. O ser não vive vidas estanques, podendo o despertamento começar a ocorrer em qualquer tempo, tanto nas experiências diretas no planeta, como também nos intervalos de uma reencarnação para a outra.

É mais do que natural que a liberdade de escolha nos leve para opções positivas ou negativas no relacionamento com o outro e conosco mesmo. Por isto é extremamente importante aprendermos a escolher bem, pois não é necessário passar pela desonestidade para sermos honestos, nem tampouco sermos maus, para nos tornarmos criaturas boas. Então, não é mandatório sofrer para que a evolução opere mudanças em nosso interior. É pura e simplesmente aprimorar a escolha.

Em nosso primitivismo era natural que atribuíssemos a forças superiores, que ignorávamos totalmente, ou a um Deus com poucas virtudes e qualidades, os sofrimentos e dores que vivenciávamos. Entretanto, com maior experiência, conhecimento e educação, apesar de ainda insistirmos em transferir para terceiros e mesmo para Deus, a responsabilidade por nossos erros, a realidade que se estampa a nossa frente é a de que somos os legatários de nossos atos. As reações estarão sempre de acordo com as decisões tomadas.

Liberdade de escolha exige inteligência, e isso a humanidade atual tem de sobra. Não é correto terceirizar o erro e tentar assumir somente os acertos. Isto demonstra uma personalidade ainda infantil e irresponsável.

Depois de 2.000 anos, quando lembramos de Jesus nos seus momentos derradeiros no planeta, intercedendo em nosso favor ao Pai, dizendo que não sabíamos o que estávamos fazendo, verificamos que esta situação não reflete mais nossa realidade.

Somos livres e se não observamos as nossas escolhas, agindo de forma irracional, nossa colheita será de dor. A prisão está na atitude equivocada, bem como a liberdade está relacionada com a escolha adequada, avaliada pelo bom senso e coerência.

Quantos problemas e enfermidades nascem de posições enganosas em relação à nossa vida e a do próximo? De quantas situações desagradáveis poderíamos sair ilesos se agíssemos de maneira mais equilibrada?

Por vezes ouvimos expressões como: "quando vi, já havia perdido a cabeça". Naturalmente essa postura demonstra falta de autoconhecimento, portanto, de maturidade.

Plantarmos flores ou espinheiros é direito de cada um, porém, não cabe reclamação daquele que foi livre para plantar o espinheiro, sendo por isso mesmo, responsável pela colheita dolorosa e pelo tolhimento de sua liberdade. Só é realmente livre aquele que não tem nada a resgatar e pode decidir por seu futuro.

Jesus ensinou em seu Evangelho, que, aliás, é uma metodologia educacional, a fazermos de nossa vida uma referência de luz, não somente para nós, mas também para o próximo.

O Espírito, sendo criado a semelhança de Deus, tem como futuro um caminho para o bem e o amor. A resistência em viver esta realidade, e a fugir do cumprimento das leis Divinas leva-nos a dor.

Quando investiremos na lógica da vida, que é a realidade de viver dentro das bases do Evangelho? Quando seremos livres de fato?

O Senhor da vida respeita nossas escolhas e o nosso tempo, mas alcançado o padrão evolutivo em que nos encontramos, está cada vez mais difícil arranjar desculpas para atitudes equivocadas.

Em cada oportunidade de decisão, dado que nem sempre estamos diante de um quadro de vida e morte, quando podemos agir de forma instintiva, lembremo-nos do Cristo e de seus ensinamentos de amor e perdão para que possamos construir um futuro melhor e mais feliz.

Se a semeadura é livre e a colheita obrigatória, vale o momento de reflexão para a melhor tomada de atitude ou não?

Reflitamos a respeito com a mensagem de Joanna de Ângelis pela mediunidade de Divaldo P. Franco:

Liberdade de escolha

- O pensamento divino concedeu-me liberdade de poder realizar todo bem que deseje.

- Ser feliz ou desventurado é minha opção voluntária.

- Sou escravo da lei que me enseja progredir sem interrupção no tempo.

- O que eu sou ou o que serei, depende de mim.

- A inspiração superior nunca me falta, porém, sintonizar com ela será aspiração pessoal.

- Construindo as estruturas existenciais na mente, torná-las-ei realidade no percurso carnal.

És livre para imprimir na tua existência o padrão de felicidade ou de aflição com o qual desejes conviver.

A liberdade é lei da vida, que faz parte do concerto da harmonia universal.

Os imperativos inamovíveis e deterministas são vida e morte, no que diz respeito aos equipamentos orgânicos, mesmo assim, sob o fatalismo de incessantes transformações.

Submetido à ordem da ação, que desencadeia reações correspondentes, és o que de ti próprio faças, movimentando-te no rumo que eleges.

Há pessoas que preferem a queixa e a lamentação, armazenando o pessimismo em que se realizam. Negociam o carinho que pretendem receber com as altas quotas de padecimentos que criam psiquicamente.

Ao lado de outras, que chantageiam os afetos, mediante a adoção de sofrimentos irreais, estabelecem como metas a conquista de atenções e carícias que lhes são sempre insuficientes, não se dando conta que, dessa forma, farão secar a fonte generosa que as oferece.

Ninguém se sente bem ao lado de criaturas que elegem o infortúnio como falsa solução para os seus conflitos existenciais.

Essa coação emocional termina por produzir amizades falsas, situações constrangedoras, mais insegurança.

Podes e deves ser feliz. Esta é a tua liberdade de escolha.

Se te encontras atrelado ao carro das aflições, porfia construindo o bem e te libertarás.

A dificuldade de agora é o efeito da insensatez do passado.

A vida renova-se a cada momento.

Situações funestas alteram-se para melhor, à semelhança de paisagens ensombradas que rapidamente vestem-se de Sol.

Não dês trégua à desdita, à ociosidade, aos queixumes.

És senhor do teu destino, e ele tem para ti, como ponto de encontro, o infinito.

Quem se desvaloriza e se desmerece e se invalida, fica

na retaguarda.

É necessário que te envolvas com o programa divino. Todo aquele que se não *envolve* positivamente, nunca se desenvolve.

Se preferires sofrer, terás liberdade para a experiência até o momento em que te transfiras para a opção do bem--estar.

Desse modo, não transformes incidentes de pequena monta, coisas e ocorrências corriqueiras, em tragédias.

Ninguém tem o destino do sofrimento. Ele é resultado da ação negativa, jamais a causa. Faze uma avaliação honesta da tua existência, sem consciência de culpa, sem pieguismo desculpista, sem coerção de qualquer natureza, e logo depois desperta para o que deves produzir de bom, de útil, de construtivo empenhando-te na realização da tua liberdade de ser feliz.

Livro: Momentos de Saúde, pelo Espírito **Joanna de Ângelis**. Médium: Divaldo Pereira Franco. Editora LEAL

CAPÍTULO 20

Caridade

"Não podendo amar a Deus sem praticar a caridade *para com o próximo, todos os deveres do homem se resumem nesta máxima: fora da caridade não há salvação".*

Quanto tempo levamos para começar a entender e praticar a real caridade?

Interpretada inúmeras vezes como mero assistencialismo, a caridade, em sua grande maioria, consiste no atendimento das necessidades materiais. Geralmente ocorre mais pela insistência do necessitado ou pela necessidade de nossa consciência em estar quites com Deus, do que pelo sentimento da verdadeira comoção e preocupação com as dores do próximo.

Apesar dos exemplos luminares de Jesus, demonstrando a caridade real, andávamos como verdadeiros zumbis, adormecidos, insistindo em velhas fórmula e paradigmas que favoreciam a tranquilidade, nos mantendo na ociosidade e distante da participação caritativa efetiva.

Sem dúvida, que a caridade demanda participação direta. Arregaçar as mangas, partir para a luta, trabalhar, porque exercê-la não será limitá-la a locais ou horários específicos, porque caridade é postura perante a vida.

Não dispensaremos os aspectos assistenciais urgentes porque faltaria o bom senso. Lembremos Emmanuel que nos ensinou por meio da psicografia de Chico Xavier: "não se fala de Evangelho para quem está com o estômago vazio".

Nota-se coerência e equilíbrio no ensinamento do iluminado mentor até porque o estômago vazio influencia fisiologicamente no raciocínio.

Mas de forma magistral, Jesus ensinou em todos os instantes de sua passagem pelo planeta e destacamos uma delas para as nossas reflexões:

"Então, lhe trouxeram, os escribas e os fariseus, uma mulher que fora apanhada em adultério, e a puseram no meio, e lhe disseram: Mestre, esta mulher foi agora mesmo apanhada em adultério, Moisés, na lei, mandou apedrejar a estas tais. Qual é a vossa opinião sobre isto? Diziam, pois,

isto, os judeus, tentando-o, para o poderem acusar.

Jesus, porém, abaixando-se, pôs-se a escrever com o dedo na terra. E como eles perseveraram em fazer-lhe perguntas, ergueu-se Jesus e disse-lhe: Aquele dentre vós que estiver sem pecado, atire-lhe a primeira pedra.

E tornando a abaixar-se, escrevia na terra.

Mas eles, ouvindo-o, foram saindo um a um, sendo os mais velhos os primeiros.

E ficou só Jesus com a mulher que estava no meio, em pé.

Então, erguendo-se, Jesus lhe disse: mulher, onde estão os que te acusam? Ninguém te condenou?

Respondeu ela: Ninguém, Senhor. Então Jesus lhe disse: Eu tampouco a condenarei; vá e não peque mais". (João VIII: 3 a 11)

Esta passagem oferece um rico material para análise. O questionamento dos escribas e fariseus feitos a Jesus visavam duas situações bastante delicadas: a primeira alternativa seria colocá-lo contra a lei civil e a segunda, desmoralizar seus ensinamentos de amor ao próximo, no exercício do perdão, o que ocorreria caso ele concordasse com o apedrejamento da pobre moça.

Assistência

Destacaremos inicialmente o questionamento do Cristo à turba inconsequente: *Aquele dentre vós que estiver sem pecado, atire-lhe a primeira pedra.*

O momento apresentava a necessidade urgente de assistência à pessoa, tirá-la do risco de morte que era iminente. É o dar o pão para aliviar a dor da fome, sem discursos ou questionamentos.

Misericórdia

Então, erguendo-se, Jesus disse: mulher, onde estão os que a acusam? Ninguém a condenou?

Respondeu ela: Ninguém, Senhor. Então Jesus disse: Eu tampouco a condenarei...

Jesus utiliza da misericórdia com os equívocos humanos, conhecedor que é de nossas fragilidades. Ele não questiona sobre o que levou a pessoa ao adultério porque sabe muito bem que o ser é frágil, porque se desconhece em grande parte.

O gerenciamento de nossas emoções, de nossa vida

como um todo, somente será possível, quando estivermos completamente senhores e senhoras de nossa vontade e desejos, quando um antigo ensinamento for uma realidade em nossas vidas: "conhece-te a ti mesmo".

Enquanto não estivermos no pleno domínio íntimo, a misericórdia não será somente para os outros, mas sim, uma necessidade inclusive para nós.

Caridade

...vá e não peque mais.

Esse é o grande momento onde o Evangelho de Jesus, mostra-se como educador de almas. Não somente assistência e misericórdia, mas acima de tudo: "direcionamento".

A caridade tem como proposta central educar a criatura para que ela torne-se digna dela mesma. Não será apenas o doar o pão, mas sim ensinar como ganhá-lo pelo trabalho digno, do esforço continuado, da autovalorização.

É o milenar ditado chinês de não dar um peixe a um homem e, sim, ensiná-lo a pescar. Não significando que o passo da assistência a sua penúria deva ser menosprezado, mas acima de tudo dar-lhe direcionamento para a vida.

Dentro deste conceito, a caridade não é obra para a carência daquilo que é básico para a sobrevivência; ela estende-se para todos os níveis. Necessidade não tem etnia, sexo, cor, posição social ou religião. O necessitado pode apresentar-se residindo no palácio ou na choupana. Lembremos sempre das lições sagradas do Cristo que nunca fez exceção de pessoas ou situações, para atender aqueles que o procuravam. Afinal, é da própria estrutura daquele que se propõe a caridade, simplesmente aplicá-la porque ela é a expressão máxima do amor em movimento.

Reflitamos com uma das epístolas de Paulo aos Coríntios:

"Ainda quando eu falasse todas as línguas dos homens e a língua dos próprios anjos, se eu não tiver caridade, serei como o bronze que soa e um címbalo que retine; – ainda quando tivesse o dom de profecia, que penetrasse todos os mistérios, e tivesse perfeita ciência de todas as coisas; ainda quando tivesse toda a fé possível, até ao ponto de transportar montanhas, se não tiver caridade, nada sou. – E, quando houvesse distribuído os meus bens para alimentar os pobres e houvesse

entregado meu corpo para ser queimado, se não tivesse caridade, tudo isso de nada me serviria.

A caridade é paciente; é branda e benfazeja; a caridade não é invejosa; não é temerária, nem precipitada; não se enche de orgulho; – não é desdenhosa; não cuida de seus interesses; não se agasta, nem se azeda com coisa alguma; não suspeita mal; não se rejubila com a injustiça, mas se rejubila com a verdade; tudo suporta, tudo crê, tudo espera, tudo sofre.

Agora, estas três virtudes: a fé, a esperança e a caridade permanecem; mas, dentre elas, a mais excelente é a caridade".

PAULO, *1ª Epístola aos Coríntios, 13:1 a 7 e 13*

CAPÍTULO 21

A justiça e nossa consciência

A questão da justiça é assunto muito debatido em todo o mundo. Para alguns ela está no cumprimento das leis humanas que regem a sociedade. Todavia, estas leis diferem de um país para outro, pois são estabelecidas no consenso comum e são elaboradas de acordo com os costumes, época e entendimento de cada povo. Podem ser modificadas, pois são elaboradas por seres humanos falíveis, o que torna a justiça que ela regulamenta também limitada. Mesmo assim as leis são extremamente necessárias, pois controlam anseios de alguns e salvaguardam o interesse da maioria.

Não faz muito tempo, uma coletividade vencida pela força das armas, ou até mesmo indivíduos de uma sociedade mais fragilizada, tornavam-se escravos, com direitos cerceados, não só de liberdade, mas de respeito, dignidade, perdendo as condições mínimas para sobrevivência.

Claro que estas atitudes refletiam o período mais primitivo da sociedade. Neste primitivismo suas relações estavam embasadas nos aspectos do poder egoísta, onde os vencedores eram os mais fortes e subjugavam os vencidos, os mais fracos. O domínio patriarcal permitia que os pais exercessem o poder sobre a vida ou morte de seus filhos e empregados, que eram tratados como suas propriedades e podiam por ele serem desrespeitados. O direito era dos mais fortes, os deveres dos mais fracos, até que o processo consciencial começasse a despontar no íntimo das criaturas.

Condição inerente do ser, a consciência evolui na medida em que se exercita. Um dia chegará a suprimir as leis humanas, pois nela estão gravadas as Leis Divinas, perfeitas e imutáveis, que se consolidam no amor absoluto de Deus por seus filhos.

O futuro nos reserva uma posição completamente diferente comparando-se aos dias atuais. É realidade e não ficção, até porque, a sociedade mais conscientizada, demanda cada vez mais a necessidade de nos pautarmos de maneira ética e equilibrada.

Não somos seres criados em série, verdadeiras máquinas produzidas dentro de um projeto que visa igualdade. Somos seres únicos da Criação, verdadeiros universos particulares, gerenciados por nossas aspirações.

Se considerarmos a evolução como um todo, saímos do período rudimentar há bem pouco tempo, e já possuímos conquistas realizadas em todos os terrenos que chegam a ser espantosas.

Logo expressões do tipo: *"fulano ou sicrano não tem consciência"*, é verdadeira somente em parte porque, em essência, todos nós temos um percentual já conquistado através dos milênios. Entretanto, a exigência da maioria é de que a evolução seja de caráter igualitário, quando o ser, repetimos, não é igual como uma produção em série.

Em uma mesma casa, encontram-se criaturas totalmente diferenciadas na evolução, uns mais respeitosos, outros mais rebeldes. Podemos apontar como falha no processo educacional por parte de pais e responsáveis, ou termos em mente que as pessoas são espíritos em evolução, todos criados por Deus, com histórico anterior de experiências e conhecimentos. Experiências estas que podem conter grandes enganos, nascidos da vontade e desejos equivocados. Entretanto, ninguém pode dar o que não tem, o Espírito necessita de tempo para seu desenvolvimento. O tempo sempre será o senhor da razão, conforme o provérbio português.

Humberto de Campos em sua obra *Boa Nova*, psicografada por Chico Xavier, refere-se ao tempo como o verdadeiro remédio de Deus.

Logo, tomaremos desse remédio, às vezes em doses menores, outras vezes maiores, porque a própria vida exige de cada um, posturas mais responsáveis, mais éticas, porém, respeitando a maturidade de cada criatura.

Querer que todos estejam no mesmo patamar, fere frontalmente o direito da liberdade de escolha, onde as decisões ficam a cargo de cada um, respondendo posteriormente e no tempo devido, para a sua própria consciência.

E que momento é esse, indagamos de maneira descrente? O Criador não tem pressa com a sua criação, e nem tampouco retira dela a liberdade que ela mesma fez por conquistar. Esse momento dar-se-á, com a maturidade de cada Espírito, de forma gradativa, como vemos com as nossas próprias crianças.

Conscientização é construção, não imposição.

As crianças mais rebeldes dentro do aprendizado repetem as lições que não assimilaram, de modo que pela repetição consigam racionalizar o que aprenderam.

A vida sempre se mostra sábia, nós, metidos a saber.

Mesmo assim, não podemos desvalorizar as conquistas das próprias leis civis, que demonstram na sua elaboração, características mais conscientizadas do nosso valor e do outro. Estamos mais atentos àquilo que vem acontecendo não somente com a nossa sociedade, mas com o planeta de uma forma geral, embora longe do ideal.

O padrão de exigência do ser humano sempre é alto, e deve realmente ser, porque a criatura não admite estagnação no seu processo evolutivo, mas o que falta é o gerenciamento da ansiedade.

Paciência não deve ser confundida com estagnação ou desinteresse, quando na realidade, deve ser posicionamento consciente, para a continuidade do trabalho focado naquilo que nos propomos. É necessário aguardarmos com menos ansiedade, mas com grande determinação que os resultados chegarão para aquele que não se mantiver na imobilidade.

O que seria do fruto se o agricultor não tivesse a experiência e a paciência para que ele pudesse atingir a maturação?

Portanto, dentro do grau de evolução em que nos encontramos, está clara a necessidade de aumentarmos nossa conscientização diante da vida, porque a ausência dela, não por falta de conquista, mas sim por falta de aplicação, nos mostra que se não fizermos o que nos compete diante da sociedade global, diante da vida como um todo, o preço a ser pago será alto e o remédio, apesar de salutar, amargo.

A pergunta que fica: o cenário da sociedade mostra um painel de falha na educação ou puro desconhecimento das Leis Divinas?

A Doutrina Espírita e a justiça

As instituições jurídicas são um reflexo inegável do avanço ou atraso moral de uma determinada sociedade. Basta recordar o quão longa foi a caminhada da Humanidade em direção a um Direito mais humanizado, mais consoante com a dignidade intrínseca de todo ser humano. Nesse sentido, a história da justiça é também a história da razão prevalecendo sobre a barbárie.

A Doutrina Espírita há muito elucidou este fato, no Livro dos Espíritos, questão número 795, quando os Espíritos responderam ao questionamento de Kardec sobre a causa da instabilidade das leis humanas: "Nas épocas de barbaria, são os mais fortes que fazem as leis e eles as fizeram para si. À proporção que os homens foram compreendendo melhor a justiça, indispensável se tornou a modificação delas. Quanto mais se aproximam da vera justiça, tanto menos instáveis são as leis humanas, isto é, tanto mais estáveis se vão tornando, conforme vão sendo feitas para todos e se identificam com a lei natural[2]."

Tem-se, portanto, a lei natural – ou divina– eterna, imutável e perfeita em todos os seus caracteres; e a lei humana, imperfeita, mutável e em constante processo de evolução, rumo à similitude com a lei divina[3].

Se na infância da humanidade, os primeiros códigos escritos consagravam a lei do "olho por olho, dente por dente", paulatinamente, e conforme a evolução moral do orbe terrestre, as leis humanas foram adaptando-se aos novos tempos e aproximando-se da lei divina. Aos poucos o Direito foi livrando-se do ranço autoritário de outrora, sempre

---

2 O Livro dos Espíritos, Rio de Janeiro: Federação Espírita Brasileira, 2003, p. 371.

3 Ver a questão 797 do Livro dos Espíritos: "797. *Como poderá o homem ser levado a reformar suas leis?* Isso ocorre naturalmente, pela força mesma das coisas e da influência das pessoas que o guiam na senda do progresso. Muitas já ele reformou e muitas outras reformará. Espera!".

sob a tutela dos Espíritos Superiores, que permitiram a evolução das instituições jurídicas conforme o avanço moral dos habitantes do Planeta. Não se pode olvidar que há não muito tempo o Direito legitimava a escravidão, a guerra de conquista e tantas outras práticas que hoje chocam a consciência do homem comum. Porém, seria após sangrentos conflitos, como a Revolução Francesa de 1789 e a Segunda Guerra Mundial, que a Humanidade veria finalmente nos seus códigos jurídicos o feito que mais aproximou o Direito humano do Direito divino: a consagração dos direitos humanos fundamentais.

Tais direitos representam, juridicamente, a garantia de que todo ser humano é igual ao outro e que todos nós temos o dever de agir uns para com os outros num espírito de fraternidade. O Direito agora representa um conjunto de valores comuns que todos nós temos o dever de preservar se quisermos manter a comunidade humana na senda do progresso.

A Doutrina Espírita há muito nos ensina que Deus imprimiu na consciência de cada um o conhecimento da lei divina – porém as paixões humanas tantas vezes calaram os reclames de justiça da mente de nossos legisladores, seres imperfeitos como nós, resultando em iniquidades e retrocessos para o planeta. O Direito hoje, graças à consa-

gração dos direitos humanos, é a voz de uma consciência ética comum universal, cada vez mais próxima do Direito divino, rumo ao desenvolvimento moral de nosso planeta.

Instituições como o Tribunal Penal Internacional, o Direito Humanitário[4] e o Direito Internacional dos Direitos Humanos justificam a esperança de um progresso cada vez maior de nosso planeta e nossas instituições, representando um verdadeiro sinal dos tempos, manifestações de um Direito cada vez mais humanizado e acorde com os princípios da prevalência absoluta da dignidade humana e da caridade cristã. Não está longe o tempo em que todo ser humano será um irmão em dignidade e em direitos e não mais há de prevalecer a iniquidade e a injustiça em nossa morada terrestre – tempo este que, certamente, a Doutrina Espírita ajudará a construir.

Carolina Paulsen é bacharel em Direito e pós-graduanda em Direitos Humanos, Pelotas R/S.

---

4 O Direito Humanitário é um conjunto de normas que busca proteger, em tempo de guerra, as pessoas que não participam das hostilidades ou deixaram de participar. Seu principal escopo é limitar o sofrimento humano em tempo de conflito armado. Ou seja, em nossos tempos, até mesmo a guerra está limitada.
Artigo de **Carolina Paulsen** publicado em 23/01/2010 no site da **ADDE.COM.BR – Associação de Divulgação da Doutrina Espírita**

Diante da consciência

A vontade do Criador, na essência, é, para nós, a atitude mais elevada que somos capazes de assumir, onde estivermos, em favor de todas as criaturas.

Que vem a ser, porém, essa atitude mais elevada que estamos chamados a abraçar, diante dos outros? Sem dúvida, é a execução do dever que as leis do Eterno Bem nos preceituam para a felicidade geral, conquanto o dever adquira especificações determinadas, na pauta das circunstâncias.

Vejamos alguns dos nomes que o definem, nos lugares e condições em que somos levados a cumpri-lo:

na conduta - sinceridade;

no sentimento - limpeza;

na ideia - elevação;

na atividade - serviço;

no repouso - dignidade;

na alegria - temperança;

na dor - paciência;

no lar - devotamento;

na rua - gentileza;

na profissão - diligência;
no estudo - aplicação;
no poder - liberalidade;
na afeição - equilíbrio;
na corrigenda - misericórdia;
na ofensa - perdão;
no direito - desprendimento;
na obrigação - resgate;
na posse - abnegação;
na carência - conformidade;
na tentação - resistência;
na conversa - proveito;
no ensino - demonstração;
no conselho - exemplo.

Em qualquer parte ou situação, não hesites quanto à atitude mais elevada a que nos achamos intimados pelos Propósitos Divinos, diante da consciência. Para encontrá-la, basta procures realizar o melhor de ti mesmo, a benefício dos outros, porquanto, onde e quando te esqueces de servir em auxílio ao próximo, aí surpreenderás a vontade de Deus que, sustentando o Bem de Todos, nos atende ao anseio de paz e felicidade, conforme a paz e a felicidade que oferecemos a cada um.

Emmanuel

Livro: Estude e Viva, **de Francisco Cândido Xavier e Waldo Vieira,** pelos Espíritos **de Emmanuel** e **André Luiz.** FEB

CAPÍTULO 22

Dependência química

As drogas há muito tempo fazem parte da história da humanidade. As bebidas alcoólicas já estiveram relacionadas com festas, comemorações e rituais, em que eram utilizadas para efetuar a ligação com as divindades.

Hoje o cenário é outro, milhões de seres se perdem neste caminho enganoso de areias movediças. Hábitos criados por desejos de aplacar necessidades íntimas, afetivas e existenciais, protagonizam uma jornada de dor e desencanto.

Mas se a droga é tão prejudicial em nossas vidas, por que a buscamos?

A dependência, antes de tudo é também espiritual. Vejamos a explicação do médico Dráuzio Varela sobre a dependência:[5]

---
5 http://drauziovarella.com.br/dependencia-quimica/dependencia-quimica

"As drogas acionam o sistema de recompensa do cérebro, uma área encarregada de receber estímulos de prazer e transmitir essa sensação para o corpo todo. Isso vale para todos os tipos de prazer – temperatura agradável, emoção gratificante, alimentação, sexo – e desempenha função importante para a preservação da espécie. Evolutivamente o homem criou essa área de recompensa e é nela que as drogas interferem. Por uma espécie de curto-circuito, elas provocam uma ilusão química de prazer que induz a pessoa a repetir seu uso compulsivamente. Com a repetição do consumo, perdem o significado todas as fontes naturais de prazer e só interessa aquele imediato propiciado pela droga, mesmo que isso comprometa e ameace a vida do usuário".

Em nosso cérebro existe o circuito de recompensa, mas não podemos confundir o efeito com a causa. A dependência está no Espírito, que simplesmente vinca no organismo fisiológico, aquilo em que se compraz.

A busca de algo que complete o seu vazio existencial levou o ser humano a buscar mecanismos de compensação.

Desenvolvemos estes automatismos na fase animal, quando movidos pela necessidade da alimentação, experenciamos o prazer em saciar a fome.

Deus nos criou para sermos felizes. Temos este destino

gravado em nosso íntimo. Entretanto, nesta longa e difícil jornada em busca da felicidade, podemos nos enganar e escolher uma rota que nos afastará de nosso objetivo. Isto fatalmente acontece quando confundimos prazer com felicidade.

Então, o que os diferencia? Como já dissemos anteriormente, o prazer está ligado ao corpo, à matéria; já a felicidade, só é alcançada por meio das conquistas espirituais.

Em sua trajetória, o Espírito evoluiu, conquistando com isso inteligência mais apurada para dessa maneira começar a discernir o que era bom para si e o que poderia causar-lhe prejuízo. Mas buscando um desenvolvimento apenas no campo material, ignorando ou procurando ocultar a verdadeira essência espiritual, acabarmos por limitar nossa evolução como Espíritos..

Dessa forma, fomos nos interiorizando, no sentido de isolarmo-nos no egoísmo atroz, do querer somente para si, e com isso, sentindo intensa insatisfação com a vida que segundo nossa maneira de ver, não supria a maior das necessidades que é a felicidade. Demos vazão aos nossos instintos.

Não que eles sejam perniciosos, mas nos prejudicam quando damos a eles o pleno controle, desligamo-nos de nós e de nossas conquistas como seres racionais. É exatamente por isso que surge a necessidade de buscarmos fora aquilo que insistimos em ignorar dentro de nós mesmos.

A inteligência humana criou e aperfeiçoou substâncias químicas, entretanto, as premências não foram preenchidas, pois estas são espirituais e não materiais. Viciar-se é criar dependência.

Sem a construção do reino de Deus em nossos corações, buscamos encontrar alegria e felicidade no mundo exterior, procurando incansavelmente uma satisfação que nunca é alcançada.

É exatamente para que o ser reencarnado não vivesse como uma nau à deriva, sendo lançada de um lado para o outro ao sabor das ondas, que Jesus, o Cristo planetário, enviou missionários em todos os tempos e locais para o despertamento da consciência, sempre de acordo com sua condição de assimilação.

Dizer que todos os Espíritos relacionados à Terra teriam de passar pela fieira do vício para valorizar a existência saudável, seria ir contra a própria lógica da vida. Sabemos que o crack é um produto cujo uso continuado por apenas uma semana, cria a dependência. Sendo assim, se estamos conscientes que o crack vicia tão rapidamente, não precisamos experimentá-lo para constatar o seu poder destrutivo.

A sabedoria divina é tamanha que para evitar que seus filhos tivessem que necessariamente errar primeiro para depois acertar, facilitou-nos a existência, estimulando todos os seres a viver em sociedade, cuja interdependência é clara.

Sendo assim, facultou-nos a possibilidade do aprendizado pela observação, e à medida que a evolução foi sendo aprofundada em nossas conquistas, o campo de visão foi-se ampliando, no discernimento do certo ou errado.

Restou-nos a liberdade de escolha para valorizarmos aquilo que mais nos interessava. Com ela, cada um de nós foi aos poucos criando seus tesouros para utilizá-los no próprio bem ou escravizar-se na dependência direta.

Jesus já havia ensinado que *"onde estiver o seu tesouro, ali estará o seu coração".*

O coração repleto de si mesmo, com foco exclusivo no personalismo, levou o ser a criar dependência para que a compensação fosse materializada. Enquanto aquele que não viveu somente para si construiu a ponte segura do relacionamento, compensando suas dificuldades e alegrias na divisão com o outro.

É o Espírito, que vivendo uma posição egoísta, vicia-se primeiro em si mesmo para, depois buscar fora material de fuga daquilo que teima em não realizar, ou em outras palavras, sentir pelo outro aquilo que sente somente por si mesmo.

Exatamente por isso Jesus trouxe no Evangelho, que por excelência é uma metodologia educacional, o *"amarmo-nos uns aos outros"*.

Somente pelo exercício do amor é que poderemos nos libertar.

Vivamos Jesus em nosso cotidiano, buscando praticar seus ensinamentos. Devemos conhecermo-nos melhor para libertarmo-nos de nosso próprio isolamento interior cujo resultado é a materialização do egoísmo que nos leva a insatisfação e a criação de dependência em algo que nunca substituirá a essência da vida, que é o amor.

Os vícios

"Entre os vícios, qual o que podemos considerar radical? - Já o dissemos muitas vezes: o egoísmo. Dele se deriva todo o mal. Estudai todos os vícios e vereis que no fundo de todos existe egoísmo. Por mais que luteis contra eles, não chegareis a extirpá-los enquanto não os atacardes pela raiz, enquanto não lhes houverdes destruído a cau-

sa. Que todos os vossos esforços tendam para esse fim, porque nele se encontra a verdadeira chaga da sociedade. Quem nesta vida quiser se aproximar da perfeição moral, deve extirpar do seu coração todo sentimento de egoísmo, porque o egoísmo é incompatível com a justiça, o amor e a caridade: ele neutraliza todas as outras qualidades".

Livro dos Espíritos - Livro terceiro - Cap. XII. Perfeição Moral - Pergunta 913

A ação negativa do cigarro sobre o perispírito do fumante prossegue após a morte do corpo físico? Até quando?

Chico Xavier:- *O problema da dependência continua até que a impregnação dos agentes tóxicos no perispírito ceda lugar à normalidade, o que, na maioria das vezes, tem a duração do tempo correspondente ao tempo que o hábito perdurou na existência física do fumante. Quando a vontade do interessado não está suficientemente forte para afastar de si o costume inconveniente, o tratamento dele, no mundo espiritual, ainda exige cotas diárias de substâncias (sucedâneos) dos cigarros comuns, com ingredientes iguais (análogos) aos cigarros terrestres, cuja ad-*

ministração ao paciente diminui gradativamente, até que ele consiga viver sem qualquer dependência do fumo.

As sensações do fumante inveterado, no Mais Além, são naturalmente as da angustiosa sede de recursos tóxicos a que se habituou no plano físico. Isso acontece de tal modo obcecante que as melhores lições e surpresas da Vida Maior passam quase inteiramente desapercebidas até que suas percepções voltem a ficar normalizadas.

O assunto, no entanto, no capítulo da saúde corpórea, deveria ser estudado na terra mais atenciosamente.

Pinga Fogo com **Chico Xavier**, *Programa 2*

CAPÍTULO 23

As paixões

Encontramos definição em vários dicionários, esclarecendo que a paixão é um sentimento intenso que possui a capacidade de alterar o comportamento e o pensamento onde o amor, ódio ou desejo é demonstrado de maneira extrema, ou seja, o excesso provocado pela vontade.

No *Livro dos Espíritos*[6], encontramos uma analogia bastante interessante sobre a paixão: *"As paixões são como um cavalo que é útil quando governado e perigoso quando governa. Reconheça, pois, que uma paixão torna-se perniciosa no momento em que a deixa governar e quando resulta num prejuízo qualquer para você ou para outro"*. A paixão não é negativa. É uma alavanca que pode conduzir

---
6 O Livro dos Espíritos, Allan Kardec, questão 908 – Edições FEESP, São Paulo, SP

a humanidade a grandes conquistas. O erro está no abuso, no descontrole. No quadro da paixão que pode nos mover, é importante estarmos no controle, conduzindo esta manifestação da alma para que a direcionemos em nosso benefício. E continua Allan Kardec em seu comentário; *"Todas as paixões têm seu princípio em um sentimento ou em uma necessidade da natureza. O princípio das paixões não é, portanto, um mal, pois repousa sobre uma das condições providenciais da nossa existência. A paixão propriamente dita é o exagero de uma necessidade ou de um sentimento; está no excesso e não na causa; e esse excesso se torna mal quando tem por consequência algum mal".* Aqui percebemos que a paixão está ligada aos nossos instintos, garantindo nossa sobrevivência, entretanto, dentro de tantos aprendizados ofertados em nossa jornada evolutiva, está o de modificar a paixão que pode se constituir em elemento motivador para nosso progresso.

Ficando restrito ao aspecto humano, estar apaixonado não denigre quem quer que seja, em momento algum e em nenhuma época. Se a paixão não ocorresse, nossa existência estaria seriamente comprometida no planeta, pois ela tem papel importante frente à perpetuação da espécie humana.

Ela atrai quimicamente uma pessoa para a outra, tendo sua duração um período máximo de 36 a 40 meses.

É o tempo exato dentro dos parâmetros naturais para que o casal se conheça, venha a manter relações e gerar uma nova vida. Logo, a paixão, como dizem os apaixonados, é o fermento do amor.

Não ousaremos discordar. Ela é positiva para a aproximação das criaturas transformando pessoas e mesmo situações. O problema não é especificamente a paixão, mas sim o descontrole em administrá-la.

São emoções que podem e devem ser controladas, não devemos simplesmente reagir, tentando muitas vezes consertar os danos, mas sim agir, sendo proativos na racionalização da paixão, e para isto, o homem já desenvolveu potenciais.

Estes mesmos potenciais conquistados dentro do terreno da lógica, demonstra-nos que se falhamos em uma primeira oportunidade será pelo desconhecimento e não por erro, porque o ser humano erra sempre por ignorância, sendo possível a partir da primeira experiência, construir o aprendizado.

Mas, é grande ainda o número de indivíduos que insistem em repetir comportamentos equivocados diante da paixão. Isso ocorre de forma geralmente inconsciente porque automatizamos estas respostas.

Não descartaremos os que por insistência, apesar de conscientes a respeito do assunto, querem experenciar o mesmo nível das emoções anteriores, mesmo com conhecimento de causa, porque se referem às questões relacionadas à adrenalina, ao viver sob forte emoção.

São respeitáveis ambas as situações, todavia, negligenciar experiências demonstrou em nosso quadro evolutivo, que poderíamos em muitas oportunidades não ter semeado espinhos, para que a colheita não ferisse nossas próprias mãos.

É possível então aprender com os próprios equívocos ou com os alheios porque trata-se pura e tão somente de exercício de observação em primeiro plano e, em seguida, e de acordo com o interesse individual, utilizando o livre arbítrio, no uso destas mudanças em nossa vida.

O que precisamos fazer não é deixar de nos apaixonar, mas sim controlar estas sensações que são úteis, prazerosas e motivadoras.

Ligada aos nossos instintos básicos e ainda materiais, poderemos encontrar a paixão de forma descontrolada e negativa, na aplicação aos maus hábitos, na dependência seja química ou emocional, onde vemos a matéria se sobrepondo ao Espírito. Em seu lado positivo a paixão se apresenta na busca pelas conquistas de nossos sonhos, em nossa profissão, na luta por ideais sociais, em nossos relacionamentos proporcionando as possibilidades para o futuro amor.

Mas, se a paixão é o fermento do amor, precisamos diante dela, construir sentimentos sólidos para que a beleza da vida continue em expansão em todos os sentidos. Afinal, apaixonar-se é dar oportunidade de construirmos uma ponte para o amor.

E a partir do momento que tratamos com critério e controle essas sensações, começamos a conhecer a liberdade de amar sem nos prendermos ao desejo.

Se a paixão nos une por força das circunstâncias, é o amor o verdadeiro libertador de almas.

Com o amor, construímos as vias de continuidade onde o poder de observação está presente, não para o apontamento do equívoco, mas para o trabalho da modificação, tão necessário em nós e, posteriormente, de exemplificação para o semelhante.

Apaixonar-se é bom porque desperta a essência do ser humano nos aspectos mais simples e belos, porém só a construção do amor faz com que nos diferenciemos evolutivamente do irracional para o racional, como Espíritos que somos e nas conquistas que já realizamos.

Tudo é amor

Vida: É o amor existencial
Razão: É o amor que pondera
Ciência: É o amor que investiga
Filosofia: É o amor que pensa
Religião: É o amor que busca Deus
Verdade: É o amor que eterniza
Fé: É o amor que transcende
Esperança: É o amor que sonha
Caridade; É o amor que auxilia
Sacrifício: É o amor que esforça
Renúncia: É o amor que se depura
Simpatia: É o amor que sorri
Trabalho: É o amor que constrói
Indiferença: É o amor que se esconde
Paixão: É o amor que se desequilibra
Ciúme: É o amor que desvaira

Egoísmo: É o amor que animaliza
Orgulho: É o amor que envenena
Vaidade; É o amor que embriaga.

Finalmente, o ódio que julga ser a antítese do amor , não é senão o próprio amor que adoeceu gravemente".

Chico Xavier

Mais ou menos

A gente pode morar em uma casa mais ou menos, em uma rua mais ou menos, em uma cidade mais ou menos, e até ter um governo mais ou menos.

A gente pode dormir em uma cama mais ou menos, comer um feijão mais ou menos, ter um transporte mais ou menos, e até ser obrigado a acreditar mais ou menos no futuro.

A gente pode olhar em volta e sentir que tudo está mais ou menos...

TUDO BEM!

O que a gente não pode mesmo, nunca, de jeito nenhum, é amar mais ou menos, sonhar mais ou menos, ser *amigo mais ou menos, namorar mais ou menos, ter fé mais ou menos, e acreditar mais ou menos.*

Senão a gente corre o risco de se tornar uma pessoa mais ou menos.

Chico Xavier

CAPÍTULO 24

Combatendo o orgulho

Sobre o orgulho, temos as seguintes definições: "sensação ou sentimento excessivo de contentamento, de entusiasmo, que o indivíduo tem em relação a si mesmo, tendo em conta suas próprias características, qualidades e/ou ações. Na condição pejorativa o orgulho é o elevado conceito que alguém faz de si próprio; amor-próprio exposto de modo exagerado; altivez, soberba. E também, ação que demonstra desprezo em relação ao próximo.

Diante destes aspectos que apresentam o quanto o orgulho é nocivo, o que podemos fazer para opor resistência a esse vírus para que não se instale em nossa alma?

Teoricamente a resposta pode ser simples, entretanto na prática, complexa. Do ponto de vista teórico, a intelectualização alcançada pelo ser humano em nosso planeta, dá-nos a certeza de que somos capazes de identificar e eliminar esse mal que consome com a sua frieza, bilhões de criaturas que não lhe opõe resistência, seja por opção ou comodismo.

Podemos também incluir uma parcela que cultiva o mal de forma totalmente automatizada e inconsciente por questões relativas ao desconhecimento de si mesmas.

Existe uma medicina capaz de atuar de forma definitiva tanto para o ser mais conscientizado como para aquele que precisa do despertamento básico?

A resposta surge positiva e a medicação está em nossas mãos há mais de 2 mil anos e chama-se Evangelho!

O médico divino que esteve presente entre nós que dissera a Pedro, o apóstolo, que não tinha vindo para curar corpos e, sim, para curar almas, continua à disposição de todos e atende sem formalismos aqueles que O procuram.

Somente Jesus, e o seu Evangelho de redenção, pode nos curar da enfermidade que insiste em resistir na grande maioria da sociedade. A medicação não possui nenhum efeito colateral porque está totalmente baseada na química do amor.

A prescrição que recebemos desse médico de luz indica-nos a necessidade de exercícios para que a medicação tenha um efeito mais efetivo. Recomenda-se a atividade no bem para que dessa forma possamos começar a enxergar outras necessidades que não as nossas.

Habituados que nos encontramos, por séculos ou milênios até, a lutarmos por aquilo que necessitamos, vamos criando ao nosso redor uma aura distorcida de sermos seres únicos, autossuficientes, capazes de gerenciar o mundo com uma só mão. É o desejo de ser Deus.

Tendo uma estrutura de caráter divino que nos impulsiona para o progresso, criamos para nós, por meio do excesso personalista, a condição ilusória que estamos no mundo sozinhos e que as pessoas devem se curvar a nossa inteligência e superioridade. É a distorção da realidade do ser filho para querer ser senhor absoluto e dessa forma, nos elegemos como modelos de perfeição.

A dinâmica da vida coloca o ser reencarnado neste planeta, diante do terreno de conquistas para o seu crescimento e melhoria. Mas a sabedoria divina ao mesmo tempo situou-nos em sociedade para que pudéssemos exercitar o relacionamento e, por meio desse processo divino de lapidação, estimularmos nossas potências no bem.

Porém, a mente auto-hipnotizada começa a criar um mundo individual em que as demais pessoas estão em um patamar secundário diante de nossa grandeza.

Estamos desacostumados a vivenciar relações respeitosas utilizando o roteiro do Evangelho, que nos estimula a amarmo-nos, e não a criarmos uma atmosfera de superioridade, onde podemos facilmente nos sufocar com o veneno da soberba, da vaidade.

O orgulho é inimigo disfarçado, pronto a converter amigos em inimigos, criando para o seu portador, o inferno particular do isolamento gradativo da sociedade.

Foi exatamente por questões dessa natureza que Jesus veio ao planeta no momento que as criaturas estavam saindo do estado de semiconsciência para que as raízes desse mal não penetrassem mais fundo em nossos corações.

Para evitar a dor da experiência de sair de cima do pódio é que Jesus nos ensinou que trabalhássemos os aspectos simples da vida, buscando alcançar os nossos objetivos de crescimento em todos os setores da vida, mas sem nos tornar escravos deles, principalmente quando nos colocarem para debaixo dos holofotes. A sabedoria divina provê a vida orgânica com limitações, exatamente para que possamos nos renovar constantemente. Ninguém fica para semente, diz o antigo ditado.

A reencarnação é metodologia de ensino para cada criatura. Pode ser a mais agradável possível para aqueles que começam a entender que sociedade é a família estendida, ou pode ainda, respeitando a liberdade de escolha de cada um, apresentar-se como fruto amargo e de difícil digestão, quando posicionamo-nos rebelados e desatentos, crendo ilusoriamente que o mundo e as pessoas giram em torno de nós, como se fossem satélites.

Jesus nos estimula com constância a trabalharmos em direção contrária ao processo enfermiço. Perdão, doação, pensamento e atitude reta, humildade, desprendimento, trabalho interessado em nosso progresso e do próximo, são alguns dos antídotos para o vírus poderoso.

Está em nossas mãos tornarmos realidade as propostas de Jesus em relação a nós e ao nosso semelhante. Sem que com isso tenhamos que abrir mão de nossas conquistas, mas sim dividir os seus benefícios com o próximo, utilizando-se da medicação receitada no Evangelho, que é o amor.

CAPÍTULO 25

Combatendo o egoísmo

E goísta eu? Você deve estar enganado! Geralmente essa é a frase utilizada diante da surpresa frente as nossas atitudes egoístas. Naturalmente teremos que levar em consideração o modo como o outro nos enxerga, porém buscando o ensinamento de Emmanuel, no livro *Pão Nosso*, por meio da mediunidade de Francisco Cândido Xavier, esse sábio Espírito alerta que se a crítica não é efetiva, não residindo em nós determinada atitude, guardemos a observação em nosso coração e continuemos trabalhando e fazendo o nosso melhor. Entretanto, se após análise do apontamento, este se fizer verdadeiro, busquemos aproveitá-lo e verificar como poderemos trabalhar para nos modificar.

Óbvio que a criatura cada vez mais consciente, não precisará de admoestações suprimindo sua capacidade de observação. O nosso exemplo inicial demonstra certa dose de extremismo, porém ao analisarmos nossos pensamentos, ou aquilo que nos interessa e nossa postura mental diante da vida, encontraremos o nosso patamar narcisista que poderá, em determinadas circunstâncias, nos surpreender por estar em posição destacada.

Que fazer? Fugir do mundo? Negligenciar a consciência? Transferir para outros a responsabilidade das nossas ações, como respostas que damos porque somos colocados em posição que exige nossa defesa?

Está claro que a posição não será de vítima, mas também não poderá ser a de algoz de nós mesmos. A melhor postura é a da conscientização.

Uma vez observada a conduta mental ou a atitude, busquemos aproveitar o fato de termos tomado contato com o problema e apliquemos inicialmente o fermento da caridade em nós. A caridade começa conosco, o que não quer dizer, que ela possa dar margem ao comodismo ou nos colocar como vítimas, até porque, utilizar-se dessa virtude é inserirmo-nos no trabalho de renovação interior, dando tempo para que o resultado se solidifique.

Caridade não é passividade ou assistencialismo parasitário comodista em relação as nossas dificuldades pessoais. É trabalho efetivo de mudança diante de nossas fragilidades.

O egoísmo é doença que ataca de forma sutil ganhando força e dimensão quando não devidamente tratado, podendo tornar-se crônico. Bom seria se ficássemos preocupados com os momentos ainda iniciais de sua apresentação, mas na grande maioria das vezes, deixamos que ele se instaure em nós, com sérias influências sobre os outros, não só o do querer somente para si mesmo, mas também do exemplo desagradável, que pode ser seguido pelo nosso semelhante.

É natural que o indivíduo lute pelos seus direitos, seus objetivos e melhoria própria. O que precisamos analisar é se a postura diante da realização destes desejos não é a de egoísmo ou do querer sermos donos e senhores de tudo, com desculpas de não sermos passados para trás.

Exercitamos esse mau hábito nos momentos mais simples da vida, a começar com a nossa atitude sobre aquilo que não nos pertence. O "é meu" ou "é minha" pode demonstrar, se formos bons observadores, atitudes de apego, de posse.

Inicialmente, se alguma coisa, situação ou pessoa possa ser de propriedade de alguém, só pode ser de Deus e não nossa. Portanto, tenhamos cuidado para não dar margem a ilusões.

O cuidado devido e a convicção de querer proporcionar as mudanças necessárias, trabalhadas em nós inicialmente, para que possam ser refletidas no semelhante, deverá ser o foco de nossos exercícios.

Grande parte dos desastres em nosso planeta estão relacionados com essa chaga que se chama egoísmo. Fome, doenças, guerras e uma infinidade de problemas materializam-se por conta desse verdadeiro câncer que consome o ser lentamente.

É importante a medicina preventiva ou o tratamento efetivo do Evangelho em nossa vida. São recomendações e não imposições de Jesus para que busquemos nos amar e respeitar, quebrando a estrutura psíquica egoísta, saindo do comodismo em favor do outro, para construir a fortaleza necessária contra este sentimento poderoso, e de nossa inteira responsabilidade.

Trabalhemos pelo bem, eduquemo-nos no Evangelho do Cristo para que possamos refletir em nossa vida a nossa verdadeira realidade de filhos ou filhas de Deus, nossos potenciais divinos, por vezes adormecidos por séculos.

Sejamos confiantes e busquemos o melhor para que a vida responda de maneira equivalente.

CAPÍTULO 26

Combatendo a vaidade

Quanto nos atrasamos em nossa evolução por conta de uma postura equivocada nos terrenos da vaidade! Palavra simples cuja etimologia é do latim: vanitas.

Seu significado comum nos dicionários é a característica daquilo que é vão; que não possui conteúdo e está baseada em uma aparência falsa, mentirosa.

Também é o excesso de valor dado à própria aparência, aos atributos físicos ou intelectuais, caracterizado pela esperança de reconhecimento e/ou admiração de outras pessoas, podendo exercer autocrítica ou opinião envaidecida sobre si mesmo.

O vaidoso tem uma ideia exageradamente positiva de si próprio; chegando a ser presunçoso e fútil.

Verdadeira enfermidade a ser combatida dentro da sociedade, principalmente dentro da família, nossa sociedade menor, onde desembarcamos para aprimorar o relacionar-se. Refletiremos na sociedade o que vivenciamos em nosso lar.

Não estamos estimulando uma condição inferiorizada, porquanto e infelizmente, muitas pessoas entendem que não ser vaidoso é buscar não se valorizar, o que é muito diferente. Valorizar nossas conquistas é sempre digno e estimulante para motivar nosso crescimento, porém, devemos usar de bom senso para que não sejamos levados aos excessos, exagerando a nosso respeito.

Gostar de si mesmo é prática sadia e requer exercício constante para que alcancemos resultados sólidos e dessa forma possamos externar sentimentos e pensamentos positivos para o nosso semelhante, independente da situação que ele estiver.

Existe grande diferença em ser humilde e ser humilhado, o trabalho estimulante em nossas conquistas não tem nenhuma relação com o fato de nos rebaixarmos.

O vaidoso acredita utopicamente que é o centro do mundo, bem ao gosto do orgulhoso, que também se insere de forma muito próxima a essa condição.

Definimos a questão da vaidade de forma sucinta e

também da questão do reconhecimento do esforço que nos é próprio. Logo, como combater essa doença que vai se estabelecendo e fazendo morada em nós, levando na grande maioria das vezes o enfermo começar a gostar e ter prazer com a doença?

Impressionante notar que em todos os casos, o Evangelho de Jesus apresenta-se como solução de natureza prática e, hoje, temos a constatação que estamos devidamente intelectualizados no Evangelho, porém, distantes de sua prática.

O ensino de Jesus foi transmitido para o mundo nos dois principais mandamentos, sintetizando nas próprias palavras do Mestre todas as leis e os profetas; em Mateus 22:37-40 encontramos: *"Ame o Senhor, o seu Deus de todo o seu coração, de toda a sua alma e de todo o seu entendimento".*

Este é o primeiro e maior mandamento. E o segundo é semelhante a ele: *"Ame o seu próximo como a si mesmo".*

Diante de tanta objetividade o mundo se rende, porque mesmo se encontrando em primitivo processo educacional, tem-se o conhecimento dessa verdade imutável. Tudo que encontramos nos ensinamentos e exemplos do Evangelho giram em torno dessas duas verdades. Perdão, desprendimento, ética, honestidade, bondade, entre tantas outras qualidades, são variantes dos dois mandamentos sintetizados por Jesus.

E porque o Mestre condensou seus ensinos? A resposta é muito simples: porque o indivíduo que procura amar o seu semelhante como ama a si mesmo, não tem para consigo a pretensão de ser melhor. Aliás, suas qualidades são utilizadas para servir, aperfeiçoando-se gradativamente, não tendo outro objetivo senão melhorar-se a cada dia. É o médico consciente de suas responsabilidades, que estuda com regularidade, não estando interessado em demonstrar maior conhecimento aos seus colegas e pacientes, mas sim tornar-se mais assertivo em seus diagnósticos.

Quando o elogio surgir em reconhecimento ao nosso esforço pessoal, agradeçamos polidamente, até porque, educação é caridade para conosco e para com o nosso próximo, mas em paralelo, tenhamos a certeza de que tudo provém de Deus, que nos supre sempre do necessário e nos coloca diante das oportunidades que temos por opção aproveitá-las ou não.

Adotando a postura da humildade estaremos nos isentando de demonstrações infantis e orgulhosas, onde nos elevamos a patamares imaginários de poder e sucesso.

Lembramos certa vez termos ouvido em conversa com amigos, de que existem muitas pessoas que possuem profunda vaidade em apresentarem-se humildes. Contra senso, sem dúvida, porque ou o indivíduo é humilde ou não é. No exercício do Evangelho, na busca do aperfeiçoamento e substituição de hábitos menos felizes, ou o ser está posicionado para a mudança ou pura e simplesmente está se rotulando.

O Evangelho de Jesus é realidade para aqueles que querem sair da prisão do "eu", para as mudanças e atitudes adequadas e necessárias para que a vida melhore ao seu redor, com reverberação imediata no seu ambiente.

Com Jesus a vida é valorizada e, por sua vez, nos valoriza, porque passamos a colaborar com a sua dinâmica, fazendo ao outro aquilo exatamente que desejamos para nós. Dentro desta proposta, nos tornamos cooperadores das obras divinas, sem a preocupação de recebermos as recompensas e reconhecimento por fazer aquilo que nos compete.

Melhorar-se para melhorar o mundo que nos cerca, é responsabilidade nossa, vangloriar-se com aquilo que somos usufrutuários apenas, é pura tolice, porque tudo pertence a Deus.

CAPÍTULO 27

Construindo o amor

O que é amor?

O amor é a força divina que nutre a planta, agita o átomo, move a galáxia e ilumina a consciência. Esta bela definição encontra-se na obra *Grãos de Amor*, do autor Ariston Teles.

Ao estudarmos o *Evangelho Segundo o Espiritismo*, encontramos na mensagem de Lázaro, psicografada em Paris em 1862, no Capítulo XI item 8, intitulada *A Lei de Amor*, que transcrevemos abaixo, dada a importância integral do seu texto para nossos estudos e meditação:

"*O amor resume a doutrina de Jesus toda inteira, visto que esse é o sentimento por excelência, e os sentimentos são os instintos elevados à altura do progresso feito. Em sua origem, o homem só tem instintos; quando mais avançado e corrompido, só tem sensações; quando instruído e depurado, tem sentimentos. E o ponto delicado do sentimento é o amor, não o amor no sentido vulgar do termo, mas esse sol interior que condensa e reúne em seu ardente foco todas as aspirações e todas as revelações sobre-humanas. A lei de amor substitui a personalidade pela fusão dos seres; extingue as misérias sociais. Ditoso aquele que, ultrapassando a sua humanidade, ama com amplo amor os seus irmãos em sofrimento! Ditoso aquele que ama, pois não conhece a miséria da alma, nem a do corpo. Tem ligeiros os pés e vive como que transportado, fora de si mesmo. Quando Jesus pronunciou a divina palavra-amor, os povos sobressaltaram-se e os mártires, ébrios de esperança, desceram ao circo.*

O Espiritismo a seu turno vem pronunciar uma segunda palavra do alfabeto divino. Estai atentos, pois que essa palavra ergue a lápide dos túmulos vazios, e a reencarnação, triunfando da morte, revela às criaturas deslumbradas o seu patrimônio intelectual. Já não é ao suplício que ela conduz o homem: conduzi-lo à conquista do seu ser, elevado e transfigurado. O sangue resgatou o Espírito e o Espírito tem hoje que resgatar da matéria o homem.

Disse eu que em seus começos o homem só instintos possuía. Mais próximo, portanto, ainda se acha do ponto de partida, do que da meta, aquele em quem predominam os instintos. A fim de avançar para a meta, tem a criatura que vencer os instintos, em proveito dos sentimentos, isto é, que aperfeiçoar estes últimos, sufocando os germes latentes da matéria. Os instintos são a germinação e os embriões do sentimento; trazem consigo o progresso, como a glande encerra em si o carvalho, e os seres menos adiantados são os que, emergindo pouco a pouco de suas crisálidas, se conservam escravizados aos instintos. O Espírito precisa ser cultivado, como um campo. Toda a riqueza futura depende do labor atual, que vos granjeará muito mais do que bens terrenos: a elevação gloriosa. E então que, compreendendo a lei de amor que liga todos os seres, buscareis nela os gozos suavíssimos da alma, prelúdios das alegrias celestes".

Diante de tamanha beleza, com a simplicidade que caracteriza os Espíritos superiores, podemos analisar o quanto nos achamos distantes da meta final, mas ao mesmo tempo o quanto caminhamos em nossa escalada evolutiva.

Saídos do primitivismo, estamos em condições de expiação e provas, trabalhando fortemente para o mundo de regeneração, o que virá gradativamente à medida do investimento que fizermos dentro do desenvolvimento do amor.

Muito longe ainda nos encontramos de amarmos incondicionalmente. Amor para a grande maioria dos seres aqui reencarnados ainda está vinculado à condição da posse. Logo, a realização do amor acontecerá à medida que nos dispusermos ao processo construtivo desta nobre qualidade. Sabemos que todas as qualidades encontram-se potencializadas no ser, no seu íntimo, como herança de Deus. Possuímos em nós o DNA divino, nas palavras do próprio Jesus, quando ensinou: *"vós sois deuses, podeis fazer as coisas que faço e muito mais"*. Óbvio que Jesus tratava naquele instante da condição do Espírito evoluído como ele, todavia, já nos afirmava a respeito de nossas capacidades.

Como sair da condição de apego para o amor verdadeiro?

Isto acontece com o tempo, mas é necessário o controle de nossa ansiedade. Ansiosos na conquista, achamos que o amor tem que ser tomado de assalto, como algo que está fora de nós. Trata-se de desenvolvimento, de construção, de conquista, de trabalho consciente, portanto, paciente. Materializa-se na convivência com o outro, não está no outro, mas, em nós. Só possuímos o amor que damos...

É com exercícios que alcançamos resultados, entretanto, exige de cada um, determinação, investimento de tempo, dedicação.

Chico Xavier, dentro da sua simplicidade e pura sabedoria, diz: *"Deus é tão bom que dá para cada um de nós, uma família direta, composta de cinco ou seis pessoas, para que aprendamos a exercitar o amor com esse pequeno grupo. Não nos exige nada, e por nossa vez, nem precisamos em um primeiro momento, amar a vizinhança inteira".*

Sábias palavras do iluminado amigo. O trabalho consciente do amor começa dentro do lar, abrindo mão em determinados momentos de pontos de vista, muitas vezes totalmente ilusórios. Mostrar-se solícito nas atividades corriqueiras e, acima de tudo, procurarmos o tratamento gentil e educado aos nossos familiares.

O Espírito André Luiz, em sua obra Sinal Verde, pela psicografia de Chico Xavier, ensina que deveríamos tratar nossos familiares como visitas mais caras. Logo, o Espírito amigo traz orientação segura do procedimento adequado nos exercícios iniciais no desenvolvimento do amor.

Como levar para fora do lar o que não cultivamos dentro dele? O que podemos dar de nós se não cultivamos em nosso interior?

Então não basta ter potencial, não é suficiente ter a semente para alcançarmos os frutos. É importante a consciência em relação ao plantio, cultivo, rega, poda, para alcançarmos os resultados esperados da frutificação.

Se a natureza é pródiga em demonstrar, significa que não estamos isentos do esforço dentro do nosso próprio terreno. O que precisamos urgentemente, é trabalharmos novas posturas e atitudes, beneficiando aqueles que convivam conosco. O planeta está hoje diante de crises, por razões simples, relacionadas com a indiferença pela vida como um todo. Não estamos neste ponto generalizando, uma vez que ainda é reduzido o número de pessoas que se preocupam com o bem coletivo, com a manutenção da vida no planeta, diante da massa que pensa somente em si mesma.

Uma vez que não nos amamos o suficiente, não nos respeitando, como respeitarmos os reinos que estão abaixo de nossa evolução, totalmente dependentes das nossas atitudes?

A natureza clama por mudanças imediatas, e elas somente serão efetivadas com a disposição em aceitar a realidade de nossa responsabilidade diante daquilo que produzimos com nossos pensamentos e atitudes.

Não cabe mais comodismo ou pensamentos como: "só estou aqui de passagem", demonstrando total alienação de espírito, que acredita no auge de seu egoísmo que pode isentar-se de compromissos diante da própria consciência. Iludidos, creem firmemente que vivem uma única existência, por vezes confortável e displicente, quando constroem para si próprios, verdadeiras coroas de fogo, nas responsabilidades não assumidas. Nada de céu ou inferno, mas trabalho de reconstrução, se aplicarmos dentro das nossas possibilidades um pouco mais de amor, nos colocaremos a semear o bem. E construir sempre deu menos trabalho do que reconstruir.

Pensemos nisso ao nos relacionarmos com o nosso semelhante, com o nosso planeta, tanto na menor como na maior expressão, para que não sejamos surpreendidos um dia pela nossa própria falta de sentimento e noção de dever.

Jesus não nos pediu muito, só pediu que nos amássemos uns aos outros. A pergunta é: quando vamos sair da posição egoísta e vivenciar o amor com o nosso próximo?

O tempo sempre traz as respostas que podem, por vezes, ser amargas ou doces, o que dependerá sempre da postura daquele que as procura.

CAPÍTULO 28

Aliados da transformação

Fazer caminhada, praticar exercícios habitualmente, ter uma dieta balanceada e até apelar para cosméticos ou cirurgia plástica, são cuidados atuais e amplamente utilizados por grande número de pessoas. Muito se fala sobre como evitar o envelhecimento do corpo, mas, o cérebro, este complexo órgão que rege nossa vida, também envelhece e precisa de cuidados especiais e exercícios para se manter jovem e ativo.

Existem várias maneiras de exercitar o cérebro. Leitura, jogos de tabuleiro, palavras-cruzadas, quebra-cabeça, e até cozinhar seguindo uma receita, são exercícios que estimulam a parte cognitiva. Aprender a tocar um instrumento ou uma nova língua e escrever também são boas opções para manter o cérebro ativo.

Possuímos muito conhecimento em relação aos cuidados com nosso corpo como um todo. A ciência se desenvolve a passos largos em todos os ramos de atividades, buscando proporcionar uma vida cada vez mais saudável e confortável para o ser humano.

Realmente, trata-se de conquistas louváveis e muito a propósito do nosso crescimento. São metodologias que visam sempre transformar nossa existência para melhor. Entretanto, esta qualidade de vida não está atrelada somente a saúde e bem-estar de nosso corpo. Somos muito mais que um corpo, somos Espíritos e o que poderemos fazer para trazer verdadeira qualidade de vida frente a nossa realidade espiritual? Quais exercícios realizar? Quais recursos poderemos então utilizar?

A resposta não é complexa, nem tampouco orientação recente. Os grandes recursos para saúde de nossa alma são a prece, o Evangelho, estudo, vigilância, determinação e fé.

Recordo de certa conversa com um senhor em uma casa espírita em que me encontrava para uma palestra. Ele depois de contar sobre seu problema de relacionamento com sua esposa questionou-me sobre o que poderia ser feito diante daquela situação difícil.

Respondi-lhe com outra pergunta:

- O senhor procura fazer preces?

- Preces? — Respondeu ele surpreso.
- Sim, preces? — Respondi por minha vez.
- E prece adianta? Pode amenizar essa situação com minha esposa?
- Com certeza irá auxiliar e muito! Porque se o senhor conversar diretamente com o Criador em suas preces, com humildade, resignação e fé, utilizando o perdão, receberá o amparo do alto, pois estará em sintonia com O Pai. E mesmo que o problema não se resolva o senhor se sentirá mais fortalecido para administrá-lo.

Ele saiu meio desconsolado e com certo ar de desagrado.

Entretanto, todos os recursos para uma vida saudável encontram-se à nossa disposição há mais de dois milênios, quando Jesus trouxe o seu Evangelho redentor, uma rota segura dentro daquilo que realmente é o tesouro verdadeiro da criatura.

Cristo não apresentou fórmulas ou qualquer outro tipo de normatização. Ele apresentou um caminho para seguirmos, nos ofertando renovada qualidade de vida.

Costuma-se confundir vida com reencarnação. Vida é uma só, reencarnação, serão tantas quantas se fizerem necessárias.

Portanto, investir em qualidade de vida no sentido espiritual, é tão importante quanto o que fazemos com nosso próprio corpo. Somos seres interexistentes, não simplesmente corpos comandados por um cérebro que tem em seu quimismo as expressões da inteligência, sentimento e assim por diante.

Corpo é máquina de utilização no planeta, veículo de expressão da realidade espiritual, sendo, portanto de nossa responsabilidade tratá-lo convenientemente, mantendo-o saudável. Mas daí, a centrarmos nele toda nossa atenção, em menosprezo do Espírito que é o ser real, vai uma grande diferença.

Então, os aliados para a nossa transformação estão aí esperando que nossa vontade se volte para as alterações que se façam necessárias.

Construção de vida melhor passa pela conscientização de sermos Espíritos necessitados de alimento específico cuja natureza é de uma sutileza que impressiona e pede de todos nós um esforço menor que aqueles que fazemos diariamente para mantermo-nos em forma.

Buscar melhorar nosso relacionamento com o familiar, amigo ou simplesmente com as pessoas de nossa sociedade, é necessário para nossa saúde espiritual. Por vezes um simples bom dia, um sorriso, modifica o comportamento daqueles a quem estamos nos dirigindo.

A vigilância é recurso importante quando aliada a prece, que nos tranquiliza e eleva nossos pensamentos e vibração. O Evangelho de Jesus estudado e compreendido dilata o autoconhecimento e dinamiza nossa determinação com coerência, aumentando nossa fé em nós e em Deus.

Pensemos nisso não só quando os problemas surgirem. Evangelho não é objeto a ser utilizado somente quando as necessidades despontam. Evangelho é vida, é o amigo constante que nos orienta e instrui, por isso não é para ser lido e sim estudado, aplicado em cada momento de nossa existência.

Jesus trouxe-nos esse verdadeiro roteiro de amor, para termos uma vida cada vez mais saudável, com resultados positivos não reservados somente ao futuro, mas sim e principalmente para o presente. Cristianismo não é preparar-se para morrer, e sim, para viver bem, aqui, agora.

Jesus não trouxe a dor, mas sim a metodologia preventiva para que nós não precisemos dela.

Reformular nossos sentimentos, atitudes e pensamentos representa avanço de nossa evolução íntima.

Este processo depende de nós, ninguém poderá realizá-lo em nosso lugar. Temos para isto toda a eternidade, entretanto quanto mais demoramos, mais vivenciamos os mesmos desajustes, sofrimentos e infelicidade.

Por mais difícil que pareça, comecemos. Toda grande caminhada começa com o primeiro passo, mas só se efetiva com nossa determinação.

Nos momentos mais difíceis, lembremos de que *"O senhor é nosso Pastor e nada nos faltará".*

Então, é urgente "Nascer de novo".

Bibliografia

BARSANULFO, Eurípedes. *Deus*. [S.I.]: <http://www.mensageirosdapaz.org.br>, acesso em 04/07/13.

FABBRI, Umberto. *Cisco Cândido Xavier*. São Paulo: Edições FEESP, 2012.

FRANCO, Divaldo P./ Joanna de Angelis. *Momentos de Saúde*. LEAL Editora, 2005.

GOMES, Saulo. Pinga-Fogo com Chico Xavier. São Paulo: Editora Intervidas, 2012.

GURTNER, Christian. *Quem sou eu?* . [S.I.]: < http://escribacafe.com acesso em 04/07/13

KARDEC, Allan. O Evangelho Segundo o Espiritismo.
São Paulo: Edições FEESP, 1970.

KARDEC, Allan. O Livro dos Espíritos.
São Paulo: Edições FEESP, 1995.

KARDEC, Allan. O Livro dos Médiuns.
São Paulo: Edições FEESP, 2001.

PAULSEN, Carolina. Doutrina Espírita e a Justiça. [S.l.]: <http://adde.com.br>, acesso em 04/07/13.

RODRIGUES, Jaider e SOUZA, Roberto L. Vieira de. Visão Psicológica da Violência. In Boletim Médico-Espírita número 10.

TELES, Ariston S./Tagore e Romanelli. Grãos de Amor.
São Paulo: Livree Editora, 1991.

VARELLA, Drauzio. Dependência Química. [S.l.]: <http://drauziovarella.com.br, acesso em 04/07/13.

XAVIER, Francisco C./ André Luiz. *Sinal Verde*.
São Paulo: Petit Editora, 2004.

XAVIER, Francisco C./ Augusto Cezar. *Presença de Luz*.
São Paulo: IDEAL Editora, 1984.

XAVIER, Francisco C./ Emmanuel. *Assim Vencerás*.
São Paulo: GEEM Editora, 1978.

XAVIER, Francisco C./ Emmanuel. *Hoje*.
São Paulo: IDEAL Editora, 1984.

XAVIER, Francisco C./ Emmanuel. *Pão Nosso* .
Rio de Janeiro: FEB, 2005.

XAVIER, Francisco C./ Emmanuel. *Vida e Sexo*.
Rio de Janeiro: FEB, 2003.

XAVIER, Francisco C./ Espíritos diversos. *Paz e Renovação*. Rio de Janeiro: FEB, 1970.

XAVIER, Francisco C./ Espíritos diversos. *Sentinelas da Luz*. São Paulo: IDEAL Editora, 1990.

XAVIER, Francisco C. e Vieira, Waldo/ Emmanuel e André Luiz. *Estude e Viva*. Rio de Janeiro: FEB, 1965.

XAVIER, Francisco C./ Espíritos diversos. *Coragem* . Minas Gerais: CEC Editora, 1971.

XAVIER, Francisco C./ Humberto de Campos. *Boa Nova* Rio de Janeiro: FEB, 2006.

XAVIER, Francisco C. e VIEIRA, Waldo/ Espíritos diversos. *Espírito da Verdade*. Rio de Janeiro: FEB, 2013.

XAVIER, Francisco C. e Vieira, Waldo/ André Luiz. *Evolução em Dois Mundos*. Rio de Janeiro: FEB, 1999.

WEDDERHOFF, Nelson José. *Valor da Igualdade*. Revista SER Espírita, versão digital. [S.I.]: <http://www.serespirita.com.br/>, acesso em 04/07/13.

UMBERTO FABBRI NASCEU em São Paulo, mas reside atualmente na Florida, EUA. Atua no movimento espírita há 34 anos, destacando-se como educador e orador. Proferiu mais de 5.000 palestras públicas em congressos e seminários no Brasil e no exterior. Como escritor já publicou livros em português e inglês, que visam contribuir para a melhoria do ser humano.

É articulista de jornais importantes do meio espírita e correspondente internacional nos Estados Unidos.

Outras obras do autor:
Cisco Cândido Xavier
Mediunidade Ferramenta Divina

Recomeçar a viver
Eu, Imigrante
Resgate de Almas
O Traficante

www.ingramcontent.com/pod-product-compliance
Lightning Source LLC
Chambersburg PA
CBHW060740050426
42449CB00008B/1273